幼儿园数学教育活动设计方案

茅秀君 主 编
潘姝敏 高 铮 黄利行 副主编

中国轻工业出版社

图书在版编目（CIP）数据

幼儿园数学教育活动设计方案 / 茅秀君主编．—北京：中国轻工业出版社，2024.10

ISBN 978-7-5184-4906-4

Ⅰ．①幼…　Ⅱ．①茅…　Ⅲ．①数学课—学前教育—教学活动—教学设计　Ⅳ．①G613.4

中国国家版本馆CIP数据核字（2024）第055142号

责任编辑：崔丽娜　　责任终审：李建华　　设计制作：锋尚设计
策划编辑：崔丽娜　　责任校对：朱燕春　　责任监印：张京华

出版发行：中国轻工业出版社（北京鲁谷东街5号，邮编：100040）
印　　刷：艺堂印刷（天津）有限公司
经　　销：各地新华书店
版　　次：2024年10月第1版第1次印刷
开　　本：720×1000　1/16　印张：12.5
字　　数：250千字
书　　号：ISBN 978-7-5184-4906-4　定价：49.80元
邮购电话：010-85119873
发行电话：010-85119832　010-85119912
网　　址：http://www.chlip.com.cn
Email：club@chlip.com.cn

231127Y1X101ZBW

前言

在学前阶段，尽管幼儿通常能够获得较为丰富的数学感性经验，但要把这些经验上升到对数学概念的真正理解，离不开幼儿教师有意识的影响。现实中很多幼儿园的整合课程、主题课程往往沦为不同领域课程的简单相加。幼儿教师选择避难就易的原因主要是以下两点：一是数学在幼儿园阶段分量较轻；二是心有余而力不足，缺乏对数学教与学的研究，知道数学的重要性，但在一日生活中很少有数学的环境、数学的个别化学习材料与有效的数学教学活动。

我市（浙江省余姚市）教育局教研室一直以来重视对数学集体教学的研究，多个原创教学活动曾获浙江省精品微课及浙江省、宁波市优质课评选一等奖，多位老师在宁波各地展示研讨，甚至去浙江的台州、绍兴、杭州，以及新疆、广西等地传送经验。同时，我们还对数学个别化学习进行了较深入的实践，梳理了中班、大班幼儿的个别化学习内容与材料。

本书是余姚市教育局教研室十多年来对数学的研究与实践的积累，遵循以实践为导向的原则，汇集了中班、大班的34个原创优秀集体教学活动，每个活动中既有详细的教学过程，又点明了设计的意图。

本书的内容设计基于两个理念：一是化繁为简，深入浅出。将抽象的数学通过解读后设计为教学活动、个别化学习活动，通过简便易得的材料把学前数学读“薄”、读懂，把枯燥的数学经过设计后变得易懂有趣，从而让一线幼儿教师能够拿来就用，更好地促进教师专业成长，提升数学活动质量；二是可操可视，点明意图。通过详细的案例描述、图片呈现，以及重点难点部分设计意图的详细阐述，使幼儿教师明白数学既有像其他领域那样的教法学法，又有数学的独有魅力。可以使广大一线教师在按图索骥的基础上进行有创意的教学，促进幼儿思维的发展，从而让儿童爱上数学，并为今后的小学学习打下扎实的基础。

编者

2023年12月

目录

大班

1. 有趣的分类 …… 2
2. 食物大调查 …… 7
3. 勇闯规律城 …… 14
4. 我是排雷小士兵 …… 19
5. 认识序数 …… 24
6. 智取糖果 …… 31
7. 6的组成 …… 38
8. 卡牌对对碰 …… 43
9. 大于号与小于号 …… 49
10. 九宫格 …… 54
11. 生活中的数字 …… 60
12. 数图形 …… 64
13. 有趣的正方体 …… 69
14. 我和积木做游戏 …… 74
15. 图形组合 …… 79
16. 汪汪队巡逻记 …… 83
17. 小猪造新房 …… 88
18. 认识时钟 …… 94
19. 生日在几月 …… 99
20. 探秘取宝 …… 104
21. 认识左右 …… 110
22. 动物园导游图 …… 116
23. 黑猫侦探社 …… 121

中 班

1. 有趣的分类 …………………………………………128
2. 建筑师 ………………………………………………135
3. 数数小达人 …………………………………………142
4. 搭来搭“趣” ………………………………………149
5. 造高楼 ………………………………………………155
6. 和小猫做游戏 ………………………………………161
7. 购物小分队 …………………………………………167
8. 认识梯形 ……………………………………………173
9. 有趣的对称 …………………………………………179
10. 汪汪施工队 …………………………………………184
11. 认识行和列 …………………………………………190

大班

1 有趣的分类

活动设计：余姚市实验幼儿园教育集团　郑佳钰

设计思路

一、教学分析

分类是学前儿童认知发展过程中的重要能力之一，在《3~6岁儿童学习与发展指南》里，科学领域的目标“具有初步的探究能力”中明确地提出了“能通过观察、比较与分析，发现并描述不同种类物体的特征”（5~6岁）。幼儿在一个数学资源丰富的活动室以及日常环节中会有很多关于分类的活动，如娃娃家厨房里的餐具归类、点心和标牌对应、表演区乐器的分类等，这些自然的活动情境可以引发儿童关于分类的思考，并加以应用。本次活动为幼儿提供充分的操作材料，引导幼儿观察事物的特征，学习按肯定与否定分类，挑战幼儿的思维。

二、学情分析

大班幼儿的认知、操作、逻辑思维能力在不断提高，按事物的一种特征分类对他们来说已经没有困难。因此，活动通过按肯定与否定分类来激发幼儿探索的欲望。同时从一级分类到二级分类，难度上层层递进，挑战幼儿的思维。活动的关键不在于让幼儿理解物体的属性，而是让幼儿去感知和熟悉分类的过程，发展其数学思维。

本次活动始终遵循“直接感知、亲身体验和实际操作”原则来展开。第一个环节：通过看标记玩站队的游戏，初步感受按肯定与否定分类。第二个环节：通过帮小猫分鱼，按小鱼的一种特征以肯定与否定的方式进行分类。第三个环节：尝试二次分类，这是难点环节，通过PPT讲解的方式帮助幼儿梳理分类的过程。第四个环节：将前面运用的经验迁移到“吃哪条鱼”游戏中，引发幼儿再次探究的兴趣。

活动目标

1. 寻找物体的不同特征，按物体的多个特征进行肯定与否定分类，并学习用标记记录自己的分类结果。

2. 能用语言表达操作结果，促进语言与思维同步发展。

活动准备

1. 幼儿操作材料：分类卡人手1份、水彩笔、颜色大小各不相同的鱼。

2. 教师操作材料：分类标记卡、PPT课件。

活动过程

一、站队游戏，引出肯定与否定分类

1. 师：小朋友们，我们要分成两队可以怎么分？

2. 小结：可以按发型、性别、服饰等不同特征进行分类。

3. 交代任务：今天我们要学习一种新的分类方法，请你们仔细看标记站到对应的圈圈里（出示标记卡）。

4. 交流发现：你为什么站这里？你能看懂这个标记吗？

5. 师：按照“是”和“不是”还可以怎么分组？根据幼儿的回答进行站队游戏。

6. 教师示范记录：请你们看看下面的两幅图老师是怎么记录的？要画两个一样的标记，其中一个标记上加斜杠。

图1-1-1

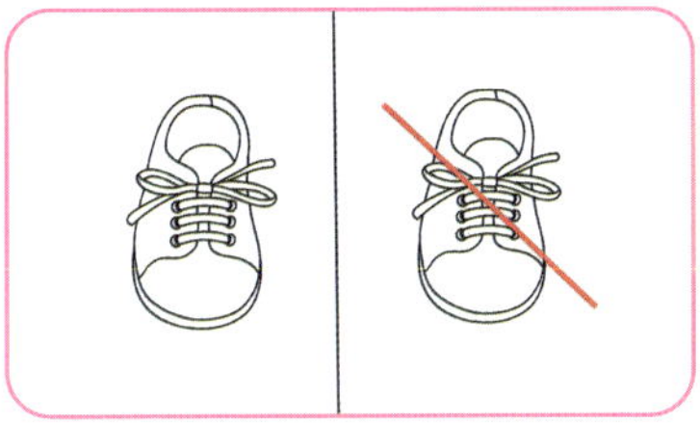

图1-1-2

设计意图

对第一次接触看标记进行分类的幼儿来说，此环节运用孩子的身体特征进行站队游戏，为幼儿学习按肯定或否定标记分类进行了具象化的设计，降低了学习的难度。这是活动的引题，也是为后面的环节做铺垫。

二、操作活动：小猫第一次分鱼

1. 出示图片并提问：小猫在池塘里养了许多鱼，这些鱼有什么不一样？（颜色、大小不一样）

图1-1-3

图1-1-4

2. 师：这一天，小猫去池塘里抓鱼，想把抓到的鱼儿们放到不同的水桶里，要按“是”或“不是”来分，可以怎么分呢？

3. 根据幼儿的回答，教师梳理记录标志和方法。

4. 幼儿操作：按一种特征将鱼分到两个桶里。

5. 师：你们已经帮小猫把鱼放进了不同的水桶里，我想请几位小朋友来说一说：你是按什么来分的？

6. 师：这是按颜色的“是”或“不是”来进行分类的，你们谁还用到了这种方法？运用PPT课件依次验证。

7. 师：谁有不同的方法？按形状的“是”或“不是”进行分类的，请站到前面来。PPT课件验证。

8. 教师记录、总结幼儿的分类方法。

设计意图

此环节设置了小猫分鱼的情境，引导幼儿观察小鱼的不同特征，利用操作板帮助小猫按“是”或“不是”进行分鱼，并用简单的标记进行记录。这个环节重在交流分类的方法，感受同样一组物体可以按照不同的特征进行分类。

三、操作活动：小猫第二次分鱼

引导语：大家看下面的两幅图，小猫要把水桶里的鱼分到盘子里，请你们继续用“是”或“不是”的方法来分，可以怎么分？

1. 幼儿交流，教师在PPT课件中记录幼儿想到的二次分类的方法。

2. 幼儿进行二次分类，并做上标记。

3. 交流分类结果。

4. 随机指向PPT课件中的一盘鱼，请幼儿说说这是一盘怎样的鱼。逆向思维：教师说出鱼的特征，请幼儿快速找到相应的盘子。

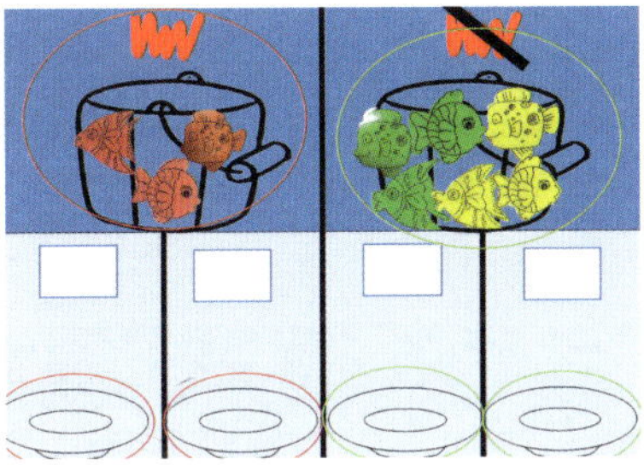

图1-1-5

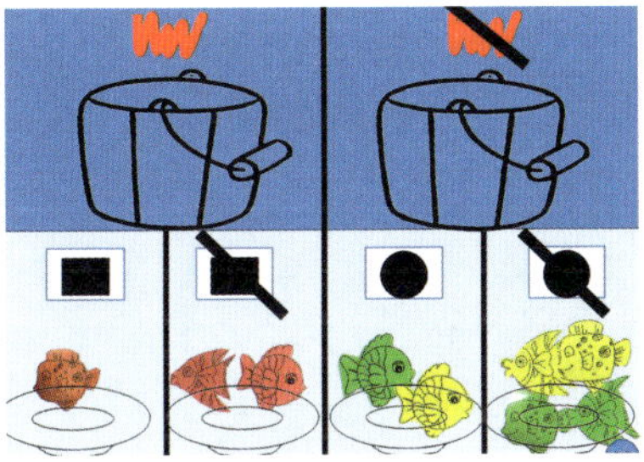

图1-1-6

设计意图

此环节难度加大，涉及二次分类。桶里的鱼还可以怎么分？分到哪个盘子里？这里需要孩子总结归纳小鱼的特征，还需要理解几个集合间的包含关系，对幼儿的思维具有较大的挑战性。因此在操作前，先请幼儿交流与讨论，教师在PPT演示二次分类的路径，为幼儿提供一定的支持。最后请幼儿说一说这是一盘怎样的鱼，幼儿能根据“标记”快速地表达，这就是从第一环节开始“做标记”的意义所在，也是发展数学语言的好机会。

四、游戏：吃哪条鱼

1. 演示PPT课件，教师出示3个否定标记。问幼儿小猫第一次吃哪条鱼。

2. 请幼儿找出来后，互相交流方法。

3. 教师逐步呈现过程，帮助幼儿再次了解分类方法。

图1-1-7

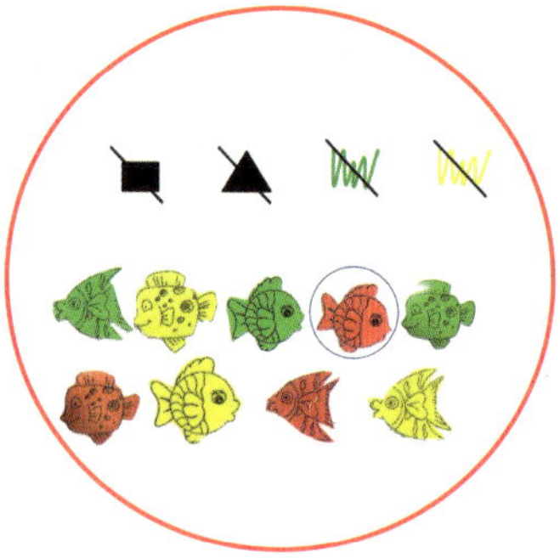

图1-1-8

4. 演示PPT课件，教师出示4个否定标记。问幼儿小猫第二次吃哪条鱼。
5. 幼儿找到并验证。
6. 增加难度，只能用眼睛看不能动手，继续游戏。

设计意图

将前面运用的经验迁移到游戏中，整个活动在愉快的氛围中结束，让孩子感受到数学活动的乐趣。

2 食物大调查

活动设计：余姚市凤山实验幼儿园　高　铮

设计思路

一、教学分析

在日常生活中我们经常把同类事物放置在一起，如把苹果、橘子、香蕉等归在一起，在数学中我们把这种具有某种相同属性的事物的全体称为集合。集合之间可以进行比较，引导幼儿感知集合间的包含或相等关系以及两个集合间的交集、并集等概念，对幼儿更好地理解集合概念以及学习数的组成和加减运算具有积极的意义。本活动聚焦集合关系中的“交集”，但是交集的概念相对比较抽象，因此在此次活动中，我们不教给孩子交集的术语，而是理解在两个集合乃至多个集合重叠部分的物品同时具有两种特性，既符合一个集合中的要求也符合另外一个集合中的要求，这是此次活动的重点，也是难点。

二、学情分析

由于学龄前幼儿的抽象思维发展具有一定的局限性，让幼儿理解集合间的抽象关系具有一定的困难，因此我们以帮助幼儿主动感知为主，而不是采用直接的概念传授和讲解的教学方式来进行。本次活动中，借助于一个食物大调查的活动情境，有层次、递进式地通过发现共同的爱好→感知两个集合间的交集关系→不受图形干扰进一步感知交集→感知三个集合间不同的交集概念的逻辑线索，帮助幼儿理解和获得初步的集合概念。

活动目标

1. 初步理解交集的含义，知道交集处是共同拥有的部分。

2. 仔细观察，能找到不同图形的交集处，并能通过看交集图正确进行操作摆放。

3. 愿意与同伴交流自己的发现，尝试运用交集解决简单的问题。

活动准备

1. 幼儿操作材料：每组2个大圈、实物模型、操作表、食物图形；各种图形交集图人手1份、小圆点人手4份。

2. 教师操作材料：PPT课件。

活动过程

一、感知两个圆的交集，知道交集处的食物具有共同的特征

（一）两两合作，食物分类

1. 出示图片，了解爸爸妈妈喜欢吃的食物。

师：小朋友们，今天我们要来当一次小小调查员，调查一下图图一家喜欢吃什么。我们先来看看爸爸、妈妈喜欢吃什么。（幼儿回答）

爸爸：草莓、荷包蛋、香蕉、橙子、玉米、茄子。

妈妈：面包、柠檬、葡萄、玉米、辣椒、橙子。

图1-2-1

2. 出示红圈和蓝圈，两人一组，分类摆放食物模型。

师：老师给大家准备了两个圈和爸爸妈妈喜欢吃的食物，我们要把这些食物放到圈里。现在请男孩子当爸爸，把爸爸喜欢吃的食物放在蓝圈里；女孩子当妈妈，把妈妈喜欢的食物放在红圈里。我们比一比，看哪组放得又对又快。

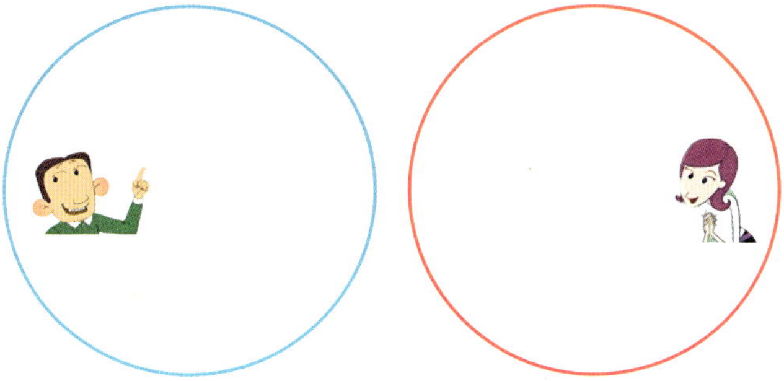

图1-2-2

（二）发现问题，聚焦交集

1. 师：大家遇到了什么问题？（幼儿回答）

2. 师：原来爸爸妈妈都喜欢吃玉米和橙子，可玉米和橙子只有一个，如何才能同时分到蓝圈和红圈？

3. 演示PPT课件，问：你看到了什么？两个大圈怎么样了？（两个大圈手拉手）

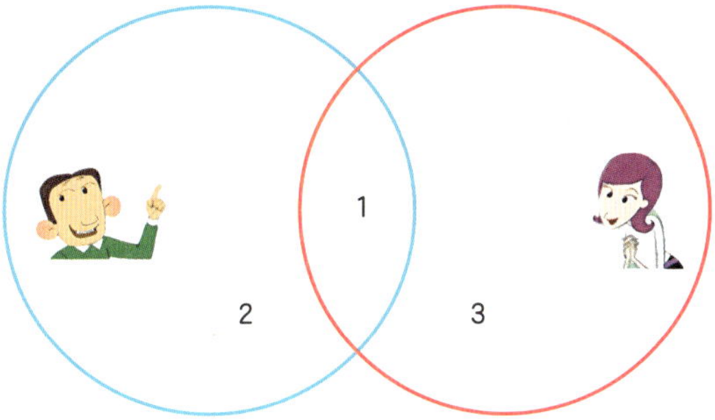

图1-2-3

4. 幼儿再次操作，感知重叠部分的共同性。

师：现在请你们也把两个大圆重叠在一起（教师手拿玉米和橙子），想一想，爸爸和妈妈共同喜欢吃的食物应该放在哪里呢？

师：把玉米和橙子放在哪里？（1号区域）为什么要放在这里？

师：大家都把橙子和玉米放在了中间这块重叠的1号区域，那么这个重叠部分到底是属于谁的呢？（幼儿回答），让我们来看PPT课件。

5. 小结：原来1号重叠部分既在蓝圈里又在红圈里，是他们共同拥有的，这个部分就叫交集，爸爸妈妈共同喜欢的食物可以放在这里。

设计意图

此环节中，在提供给幼儿分类操作的食物中共同喜爱的橙子和玉米只提供了一份，当幼儿两两合作分类的时候，引起了矛盾冲突：只有一个橙子和玉米怎么分？在基于该问题的情况下，教师运用课件将两个圈进行部分重叠，这一策略的运用，将抽象的内容具象化，将两个集合间的交集关系呈现，从而让幼儿明白1号区域既属于蓝圈也属于红圈，是共有部分。

二、感知三个集合的交集关系，并能找到同属于三个集合的交集处

1. 出示三个圈的集合图，感知共有部分。

（1）师：刚才我们知道了爸爸和妈妈喜欢吃的食物，现在调查表里又出现了图图喜欢吃的食物，现在我们来看看图图一家人共同喜欢的食物是什么呢？（橙子）

（2）出示三个圈的集合图，提问：这是什么？三个交集的圆上还有1、2、3、4、5、6、7七块区域，你觉得

图1-2-4

图1-2-5

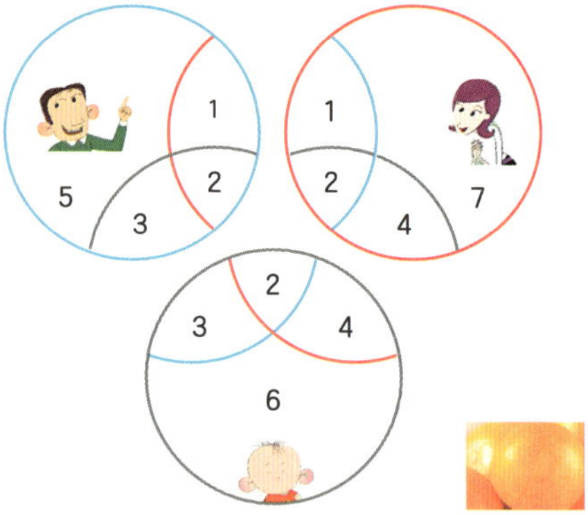

图1-2-6

橙子应该放在几号区域？记住这个橙子是爸爸喜欢吃、妈妈喜欢吃，图图也喜欢吃的，应该放在哪里呢？哪块区域才是三个圆共有的呢？为什么你觉得要放在这个区域里？

（3）演示PPT课件，验证答案并小结：2号区域是图图、爸爸、妈妈三个人共同拥有的，我们也把它叫作交集。

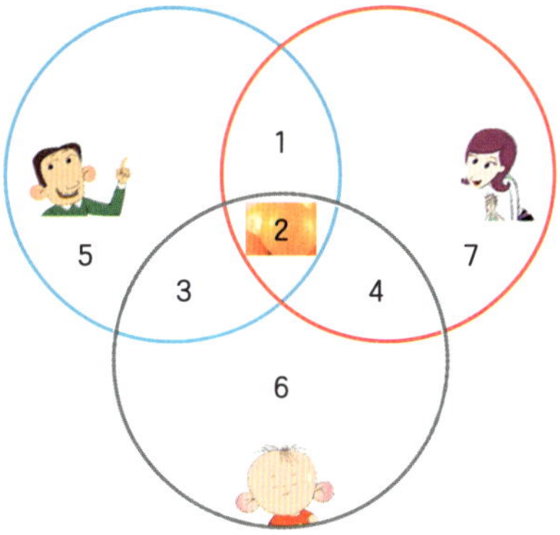

图1-2-7

2. 操作练习，进一步感知不同图形的交集。

（1）出示图形交集图，讲解操作方法。

师：每人一块练习板和4个小圆点，上面有一些不同形状的交集图，请你们找出每张图中三个图形共同拥有的交集部分，并贴上一个小红点，看看谁找得又快又对！

（2）幼儿操作练习后演示PPT课件验证评价。

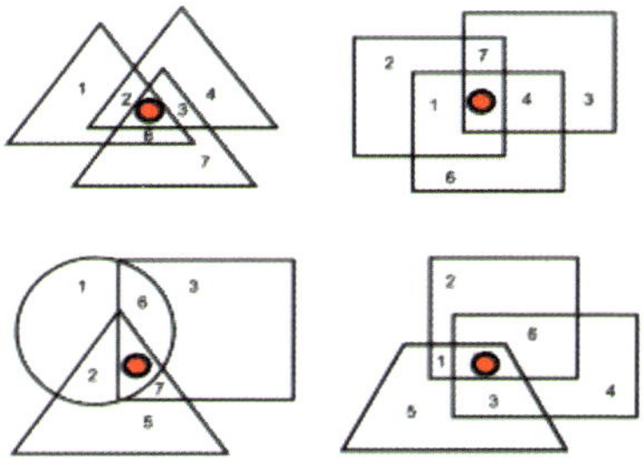

图1-2-8

设计意图

此环节从感知两个集合的交集关系过渡到三个集合的交集关系，重点关注的是三个集合共有的交集处，但当三个图形部分交叠在一起的时候，会出现7块区域，其中4个都是集合间的交集部分。为了让幼儿能直观地感知各交集之间的关系，采用动图拆分的方式，让幼儿直观感知并找到共有部分。但在学习过程中，教师发现部分幼儿会默认为最中间的位置就是三个集合的共有部分，而忽略观察分析集合间本质的交集关系。教师提供不同图形的交集图，让幼儿能排除图形的干扰，真正关注交集。

三、逆向思维，找出交集图中的食物

1. 人手一份操作板，根据集合图，找出相应的食物。

师：经过一段时间之后，图图一家喜欢吃的食物发生了变化，这次他们又喜欢吃什么呢？

第一题：

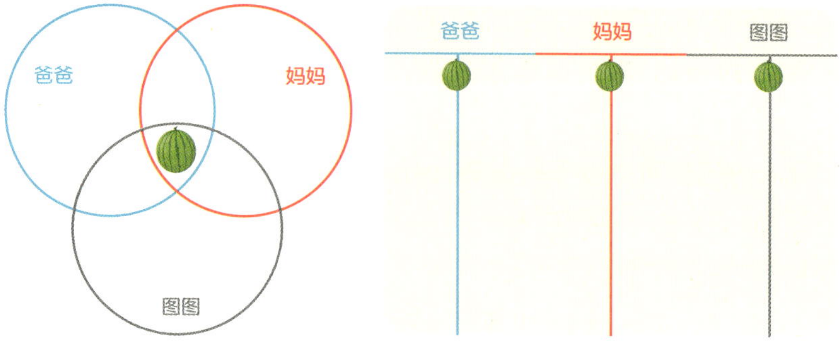

图1-2-9

第二题：

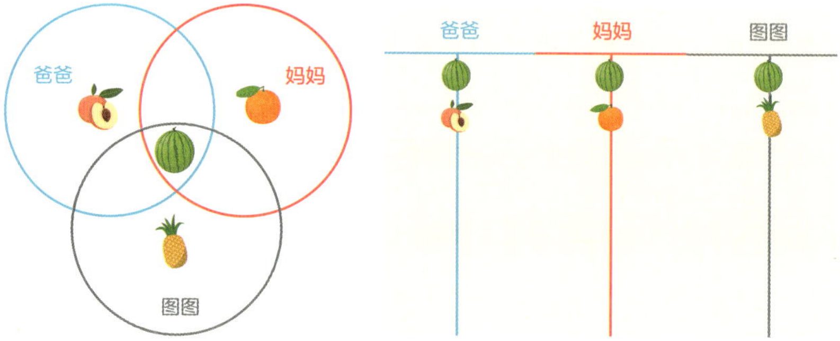

图1-2-10

第三题：

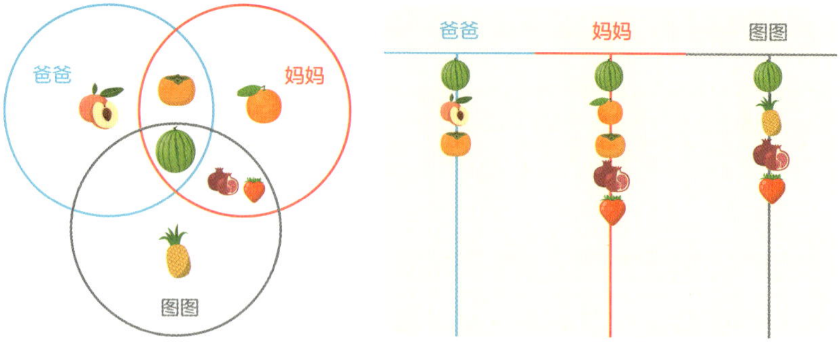

图1-2-11

第四题：

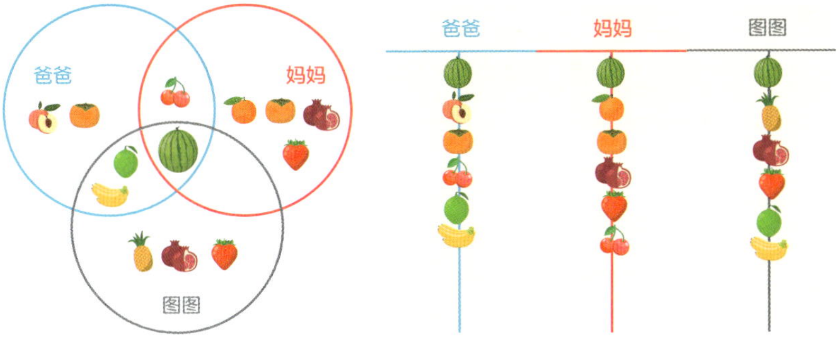

图1-2-12

2. 出示统计图进行小结：原来图图爸爸喜欢吃……图图妈妈喜欢吃……图图喜欢吃……

设计意图

通过前两个环节的操作，幼儿基本理解了交集是几个集合间拥有共同属性的部分，为了进一步巩固幼儿对集合关系的认知，通过逆向思维的方式，根据集合图关系倒推食物统计图，将幼儿的感性体验与逻辑思考联系起来，为其抽象概念的提升建立基础。

3 勇闯规律城

活动设计：余姚市实验幼儿园教育集团　刘娜丹

设计思路

一、教学分析

所谓模式，就是在物理、几何或数里可发现的所有具有预见性的序列，它反映的是客观事物和现象之间本质、稳定、反复出现的关系，模式认可就是对事物和对象的具有隐蔽性、抽象性的规律特征的认识。

在幼儿的生活环境中，模式是无处不在的。排队时的“1男2女1男2女”，搭积木时的“红蓝红蓝红蓝”等，在这些生活现象背后蕴含着一个真实的、可以让幼儿自己去发现和可创造的模式学习环境。《乱七八糟的魔女之城》是一本幼儿学习模式的数学绘本。教师以此绘本为载体，借助其中的情景来展开有趣的模式学习。

二、学情分析

幼儿对规律的已有经验建立在桌面操作材料或者可视化的材料中，如队列、积木、斑马线等，还有听觉上的，如“叮铃铃、叮铃铃、叮铃铃”，肢体上的“拍手、跺脚、拍手、跺脚”，自然现象中的“上午、下午、晚上，上午、下午、晚上”，它们都有一个固定的模式，一旦幼儿发现了这种规律之后，数学思维和数学运用能力便可更上一层楼。

本次活动始终遵循“玩中学”教学设计的核心原理来展开。第一个环节：感知模式，基于有趣的数学情境下发现模式的规律，掌握模式要点。第二个环节：建立模式，借助两种材料创设多种模式组合。第三个环节：创新模式，探索模式组合的共性特征，运用更多的“替代物”去表征，倡导“手脑并用”的学习方法，这个环节是本次活动的出彩点和难点，通过幼儿观察、共同交流讨论，最终形成小组的新的模式结构，引发幼儿对模式的探究和学习欲望，建立更多的“新模式”。

活动目标

1. 在情景教学中借助A、B两种材料进行自主排序，感受规律的多样性。
2. 发现物体的排列规律并补充完整，发展分析能力和思维的灵活性。

活动准备

1. 幼儿操作材料：操作台20份、倒立的和转盘子的猴子若干、操作纸20份。
2. 教师操作材料：PPT课件、展板。

活动过程

一、故事导入、感知规律

故事引题：南国里，住着一位公主，有一天，一只青鸟飞过来丢给公主一封信。信上写着什么呢？我们一起来读一读："公主殿下：我是王子，我被困在了规律城，请您用您的智慧和勇气救救我吧。"

（1）师：小朋友们，王子被困在哪里？（规律城）

（2）师：你觉得规律城是一座怎样的城？

小结：规律城里面的所有东西都是有规律的。

（3）师：公主到了规律城的大门口，发现门是锁着的，大树怪说："钥匙藏在一棵果树上，只有找到那棵有规律的果树，才能找到那把正确的钥匙。"

（4）师：小朋友们，几号钥匙是正确的？为什么？

图1-3-1

小结：原来这棵果树是按1个苹果1个梨为一组重复排列的，我们一起来说一说，按1个苹果1个梨为一组重复排列。（点击PPT课件）来看看，找对了吗？公主顺利打开大门。

设计意图

通此环节借助绘本故事情境引出“模式”这一概念，从幼儿认知发展的角度而言，没有对模式的认知，幼儿对所有事物的认知是不完整、分裂和无联系的。寻找模式是所有学习的基础，尤其是对加强数学思维具有特别重要的作用。因此，幼儿以情境激发兴趣，在兴趣作用下寻找和发现“什么是模式”，就是有规律的、完整的、有联系的排列组合。

二、自主操作、建立模式

1. 继续讲述故事：接着她来到了一个路口，到底该往哪里走呢？这时，猴子们说：“你先帮我们一个忙，我们为你指路。”我们来听一听猴子们的要求。“我们要表演一个节目，需要排很多的队形，可是我们只会一种，需要你们帮我们排出更多的队形。”

（1）师：我们来看看，他们是按照什么规律排的？（请个别幼儿回答）教师用手圈出来，然后说：“原来他们是以两个转盘子一个倒立为一组重复排列的。”

（2）师：那还可以怎么排？（请个别幼儿回答）

（3）交代任务：老师也为你们提供了一个舞台和猴子，请你们从圆点开始排一排，然后像老师一样把第一组圈出来。

（4）分享交流：你们是按什么规律排的？

（转盘子、倒立）（倒立、转盘子）

（转盘子、转盘子、倒立）（倒立、倒立、转盘子）

（转盘子、倒立、倒立）（倒立、转盘子、转盘子）

（转盘子、转盘子、倒立、倒立）（倒立、倒立、转盘子、转盘子）

（5）小结：老师这里还有一些规律，你们发现了吗？原来转盘子的和倒立的猴子交换位置，又是一种新的规律，规律可真有趣，老师也给猴子排了一个队形。看！

（转盘子、倒立，转盘子、倒立、倒立，转盘子、倒立、倒立、倒立，转盘

图1-3-2

图1-3-3

子、倒立、倒立、倒立、倒立）

（6）师：你们能找出这一组的规律吗？倒立的猴子一组比一组多，而且都比前面的多（1只），转盘子的猴子数量不变，这又是一种新的规律。

设计意图

通此环节是上一环节的推进和深入。模式一般分为两种标准：一种是重复性模式，在幼儿的已有经验中有零散的记忆，本次环节通过两种不同动作的猴子让幼儿自由创造组合，最后通过集体梳理的方式进行归纳总结，发现重复性模式的基本特征，也顺应儿童的学习轨迹，从自主操作中总结经验；另一种是发展性模式，对于幼儿来说是陌生的，因此由教师直接引出，拓展幼儿对模式的固有思维。

三、经验迁移，创新模式

引导语：刚才我们排了这么多的模式，你们有没有发现什么规律？如果我用一个字母A，一个字母B来表示模式类别，你们又会发现什么呢？

1. 幼儿口头尝试。

（1）教师出示几类模式组合：AB、AAB、ABB、AABB、ABAB、BABBBABB……

（2）师：你们能把刚才的队形和老师的模式组合在一起吗？

（3）幼儿分类摆放。

（4）小结：原来小猴子只要找到一个动作代替A，再找一个动作代替B，这样就能组合出更多新的规律。

2. 迁移运用，解决新问题。

引导语：我们太厉害了，给猴子们想出那么多有规律的队形，猴子们很满意，于是就为公主指明了方向。公主继续往前走，来到一条小河边，看到有几座桥（3座），这些桥面上都有什么？（这些桥面上分别有听觉、肢体、方位的图示）可是桥怎么了？请你们动动脑筋按图示要求想出新的规律让桥变成有规律的桥，这样公主就能被救出来了。

（1）分组尝试。

（2）分享交流。你们用了什么办法？成功了吗？

小结：有的小组借助“啊哦哦啊哦哦啊哦哦”的声音创造出了ABB的模式桥；有的小组借助“蹲蹲站站蹲蹲站站……”的动作创造出了AABB的模式桥；有的小组借助“←←←→”的符号画出了AAAB的模式桥，真是太棒了。

设计意图

通第三环节是本次活动的高潮，核心要点是让幼儿发现同一种模式可以用不同的方式来表征。先让幼儿发现自己所创造的组合的共性特征，再借助图示让幼儿创造新的模式组合，让幼儿发现模式除了重复性、规律性、发展性之外还有多样性，发展幼儿的抽象数学思维。

四、活动延伸

引导语：在你们的帮助下公主顺利过桥，找到了王子。为公主鼓鼓掌，也为自己鼓鼓掌。太棒了！这个有趣的故事就藏在这本绘本里，让我们一起回到教室去看一看。现在请小朋友们按PPT课件里的男女规律排一排，排好队一起回教室吧。

设计意图

通最后引出绘本，一方面是让幼儿知晓数学也可能藏在书中，要多阅读；另一方面是让本次教学活动有一个完整性，并在翻开阅读最后一页后以男女规律排队的方式结束本次活动，让规律回归生活，让数学回归生活，发现生活中更多的规律。

4 我是排雷小士兵

活动设计：余姚市姚北新城实验幼儿园　俞琳琳

设计思路

一、教学分析

“模式”在幼儿的日常生活中随处可见，包括图案、花样、动作、声音或事件等，它可以呈直线排列，也可以呈圆形排列，它会重复出现且有规律性。每一个模式结构都存在一个核心单元，任何模式都具有规律性、重复性、预见性、隐蔽性（抽象性）、多样性等基本特征。

本次活动将AB、AABB、ABB、AAB这四种模式融入排雷任务中，幼儿首先需清楚核心单位是几个一组以及“雷”在这组模式中的位置，并在脑中形成模式图像后，才能顺利完成排雷任务。

二、学情分析

大班幼儿虽然已经积累了一定的模式排序经验，具有一定的模式识别、复制、扩展、创造能力，但由于个体差异，他们对模式的规律性、重复性的探索往往表现出一定的局限性。

本次活动始终遵循“提倡多元表征、基于情景教学、倡导手脑并用、实施整合数学”的幼儿数学学习的实践原则。通过“情境导入、自主排序”“巩固排雷、体验游戏的快乐”“ABB、AAB模式，深探排雷”“ABA模式，目测排雷”这四个环节进行展开。以大班幼儿喜欢玩竞赛游戏的特点，设计了“我是排雷小士兵”的游戏。直观的游戏场景、不断出现的问题，让幼儿的“兴趣点”聚焦在阵地中并准确挖到“地雷”。游戏很好地激发了幼儿运用模式排序经验猜测地雷位置的兴趣，帮助他们理解、迁移、转换模式，并在合作游戏中体验共同游戏的快乐。

活动目标

1. 在情景教学中借助A、B两种材料进行自主排序，感受规律的多样性。

2. 运用模式排序经验猜测地雷的位置，尝试用数学语言描述推测的方法和结果。

活动准备

1. 幼儿操作材料：操作白板人手1份，可擦笔人手1支，操作条每组1张，地雷、草地各8张（做好红黄蓝绿标记），画板架子4个，书包袋。

2. 教师操作材料：操作台历教具1份，AB模式卡，单独A、B两张图片，四色积分球，数字台签1、4、7、10、12。

活动过程

一、情境导入、自主排序

1. 谈话引出排雷任务。

引导语：孩子们，今天我们要做一回小士兵，去完成一个排雷任务，你们有信心顺利完成任务吗？这次的排雷任务有一个特点，每个雷区的地雷都是有规律地排列的。

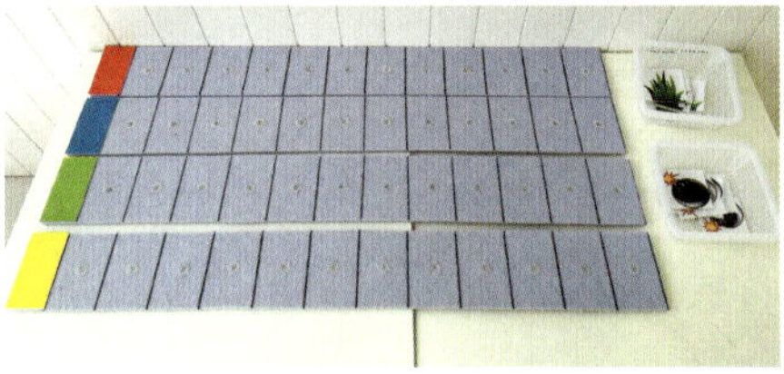

图1-4-1

提问：你觉得什么是规律呢？老师给你们准备了草和雷，虽然只有这两种图片，但数量有很多。请你们有规律地给它们排一排。

2. 分组操作，排出规律。

（1）幼儿分组合做自主排序。

（2）师幼共同验证、归纳模式。

引导语：你们排得有规律吗？你们的规律是什么？

请各组幼儿介绍：你们是按什么规律排序的？哪几张图片为一组重复排列？如果用符号A、B可以怎么表示？

小结：在这一组规律中A代表的是草，B代表的是雷，这两张图片反复排列，所以我们可以用AB来表示。

（3）找出同一模式，但不同排列形式的一组规律。

引导语：这一组是按什么规律排的呢？这一组规律中A表示什么？B又表示什么？

小结：原来只要换一样东西代替A或B就可以创造出不同的规律来，不管换成什么东西，都是AB规律。

（4）幼儿再次排出新的规律。

引导语：除了刚才我们排的规律，还能排出其他的规律吗？

直接请幼儿用A、B两个符号表示这组规律。

交流小结：原来用A、B两个符号可以排出这么多模式，真是太有趣了。

设计意图

通此环节通过小组合作的方式复盘幼儿已有的模式经验，通过集体交流验证的方法，让幼儿掌握更多的模式规则，再用“草”“雷”这种简洁的数学语言进行表述和交流。同时，让幼儿理解“A”“B”可以代表任何一样东西，如“草雷草雷草雷”和“雷草雷草雷草雷草”，都是“AB”模式。助推幼儿认识不同形式的相同模式结构，是利用模式进行普遍化思维、抽象思维的关键环节。

二、游戏体验、巩固排雷

引导语：现在我也想来排一排，我排了一组规律，第一个是“草”，谁能帮我翻出“雷”是哪几个？

1. 教师排，幼儿翻。

第一次：教师排出AB（草雷）模式，翻出第一张“草”。请幼儿翻出所有的雷。

图1-4-2

第二次：教师排出AB（雷草）模式，翻出第一张“雷”。请幼儿翻出所有的雷。

第三次：教师排出AABB模式（草草雷雷），翻出第一张“草”。请幼儿翻出所有的雷。

第四次：教师排出AABB模式（雷雷草草），翻出第二张“雷”。请幼儿翻出所有的雷。

2. 师幼验证结果，积分奖励。

设计意图

此环节是在上一个环节中再次巩固、提升的过程。主要是让幼儿识别模式，提取核心单元，引导幼儿找出本组的模式规律，几本台历是一组核心单元，其中哪几张是“雷”哪几张是“草”。比如：AABB模式中，教师翻出第二张“雷”，在孩子们没办法找出“雷”的情况下，教师出示对应AABB的核心单元卡，边移动核心单元卡，边引导幼儿念模式规律，鼓励幼儿将规律“读”出来，通过视觉的协同配合帮助幼儿强化和认识模式规律的重复性。学会观察1，2与3，4是一样的，第二张是雷，第一张是什么？在“识别”的基础上再准确翻出“雷”的位置，能更加促进幼儿数学思维能力的提升。

三、ABB、AAB模式，深探排雷

1. 教师排一组新的规律（ABB草雷雷）：我们一起来数一数，我排了几张台历，边数边放上数字台签。

2. 提出任务：你们的书包袋里有一张操作卡，格子的数量和我上面的台历一样多，等一下我们来玩游戏，你找到地雷的位置，在空格里画圈，草地的地方不需要画，这样可以提升速度。

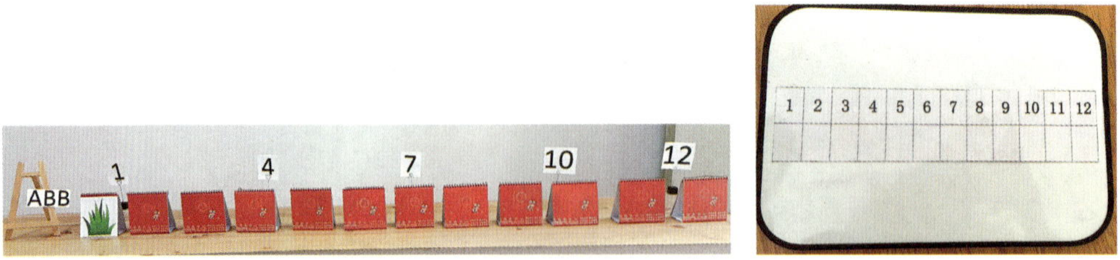

图1-4-3

3. 教师排、幼儿画：
第一次：教师排出ABB（草雷雷），教师翻出第一张草。
第二次：教师排出ABB（雷草草），教师翻出第二张草。
第三次：教师排出AAB（草草雷），教师翻出第四张草。
第四次：教师排出AAB（雷雷草），教师翻出第六张草。
4. 集体验证，奖励积分。

设计意图

此环节中数字台签作为一种无声“教具”，可以协助幼儿更快更准确地找出地雷的位置。该环节看上去模式结构并不复杂，但对于大班的孩子还是极具挑战性的。从出示ABB、AAB核心单元卡到看台历找地雷再到做记录，其中涉及序数、代数思维。特别是在第三次、第四次的操作中，教师翻出的草是在第二组规律中的，这对没有真正认识到模式内在结构的幼儿来说是有一定困难的。在集体验证环节教师应该关注幼儿模式规律的语言表征和交流，这也是该年龄段幼儿模式认知的难点和重点。

四、活动延伸：ABA模式，目测排雷

引导语：给小士兵们提一个更高的要求，只用眼睛看，你们能不能快速地说出这一组模式排列后地雷的准确位置，回班级后我们一起去试试吧！

设计意图

幼儿模式能力的学习是一个渐进的过程，从一开始的AB模式到AABB、ABB、AAB最后到ABA模式，模式的内容也体现了一个层层递进的教学目标。它既体现了幼儿模式能力发展的路径，也体现了幼儿思维的发展。

5 认识序数

活动设计：余姚市凤山实验幼儿园　高　琤

设计思路

一、教学分析

序数是表示集合中元素次序的数，是用自然数表示事物排列的次序，让幼儿回答“第几”的问题。学习序数要求能从不同方向（从左到右，从右到左，从上到下，从下到上）确认物体的排列次序。整个活动利用游戏的形式，帮助幼儿认识序数，习得通过确定起点，明确数数方向，将点数数字的方法转换为序数词的思维方法。同时，适量兼顾序数的方向性和初步的二维空间序数的认识，以灵活多样的方式认识序数，发展幼儿思维的灵活性。

二、学情分析

大班幼儿能够理解10以内的数，也能够用前、后、上、下、左、右等方位词来确认物体的空间位置，而且在生活中，排队、坐座位等也初步涉及序数的关系。但幼儿对于序列的理解还停留在空间的位置上，用序数词表示空间位置的经验不够，因此需要通过学习了解序数的概念。本活动从“从左到右，从下到上”来排列物体的次序入手，了解其方向不同，同一物体在序列中的次序会发生变化。并通过“取礼物”“拼拼图”等游戏加深幼儿对于二维空间序数的认识与表达。

活动目标

1. 进一步感知理解序数的含义，体验序数游戏的快乐。
2. 会正确运用序数词，并能从不同方向确定物体在序列中的位置。

活动准备

1. 幼儿操作材料：牛奶箱子8个，小羊贴绒玩具1个，红点、绿点标记各1

个，大箱子1个，拼图人手1份。

2. 教师操作材料：PPT课件。

活动过程

一、玩游戏“找箱子”，感知不同方向找到的箱子是不同的

（一）将箱子横放

1. 教师提问：

（1）小朋友们，看看老师带来了什么东西？

（2）数一数，有几个？小朋友们真能干，马上就数出来了，一共是8个牛奶箱。今天，我们就要跟牛奶箱来做个找箱子的游戏。请大家仔细听，你们要找的是哪一个？

（3）请小朋友们找出第3个箱子。

（4）你们一下子就找到了第3个箱子，真棒！你们是怎么找到它的？

（5）小朋友们，谁有不一样的想法？

（6）他找到的是这个箱子，他找的对不对呢？

（7）为什么两个小朋友找的都是对的，可是找到的箱子却是不同的呢？

2. 小结：原来数的方向不一样，找到的牛奶箱子位置也就会不一样。所以，我们找箱子的时候一定要先听清楚你要找的箱子是从哪个方向开始的。听明白了吗？好，现在我们再来找一次，先要听清楚，从哪个方向开始找。

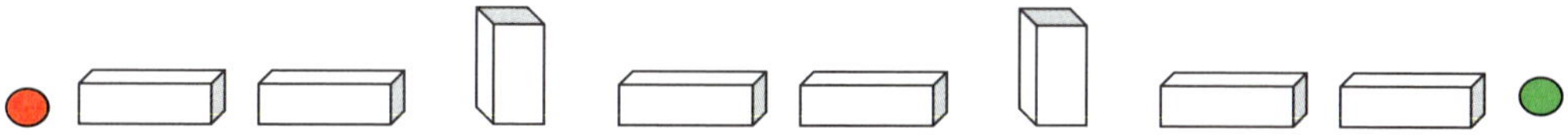

图1-5-1

3. 教师在两边做上标记：左边贴上红点，右边贴上绿点，我们再来找一次，请你们仔细听。

（1）从红点开始数，找到第5个箱子？

（2）从绿点开始数，找到第7个箱子？

（3）老师竖起其中一个箱子，问：从红点开始数，它是第5个箱子，那么，从绿点开始数，它是第几个箱子呢？

（4）老师再竖起一个箱子，请两名幼儿比赛，问：这是第几个箱子？你是

大班

认识序数

从哪个点开始数的？（游戏两次）

（二）将箱子叠起来

1. 出示小羊：这是什么？（小羊）它在第几个箱子？（引导幼儿说出从上往下数或者从下往上数）

2. 我要变一变，现在小羊在第几个箱子？（游戏2～3次）

图1-5-2

设计意图

此环节通过8个纸箱的横放和叠放，引导幼儿发现相同序数词所表达的物体并不一定是同一个，并借助红绿点标记明确序列是有方向性的，引导幼儿明白只有明确方向，并用序数词正确地表达，才能找到唯一的一个物体。

二、游戏“找朋友”，能根据符号找到相应的动物

小羊说：“这个游戏难不倒你们，我们来做个找朋友的游戏怎么样，想不想玩？请你们拿出操作板，看清楚，将操作板上的☆朝上，举起来让老师看看，都拿对了吗？”

1. 第一题：↑2。

师：好，都对了，那么我们来找第1个朋友，请看卡片。看清楚了吗？好，开始。请将你们找的动物朋友举起来？

（1）幼儿根据题目，找到动物朋友。

（2）你们找到的朋友是谁？你们是怎么找到的？

（3）小结：我们一定要先看清楚箭头的方向，再看好后面的数字，这样才能找到正确的朋友。

2. 第二题：→5。

师：知道了方法，我们再来找第二个朋友。请将你们找到的动物朋友举起来？

（1）幼儿根据题目，找到动物朋友。

（2）你们找到的朋友是谁？你们是怎么找到的？

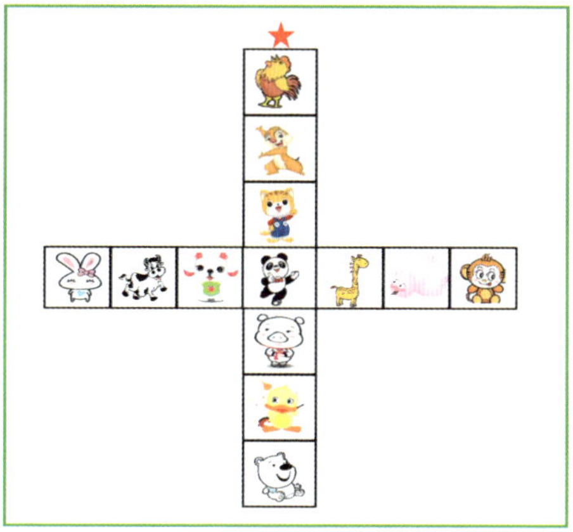

图1-5-3

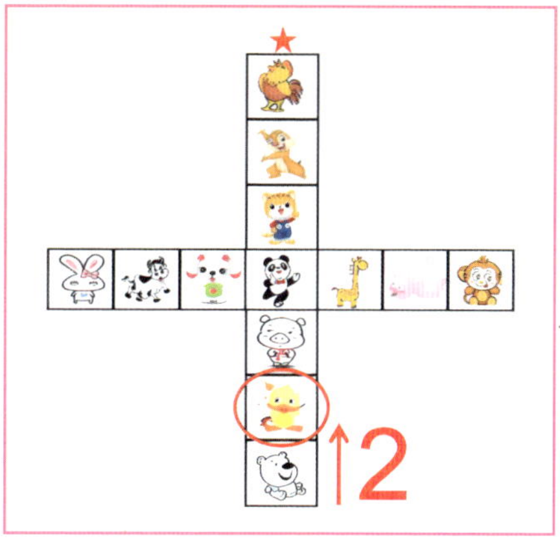

图1-5-4

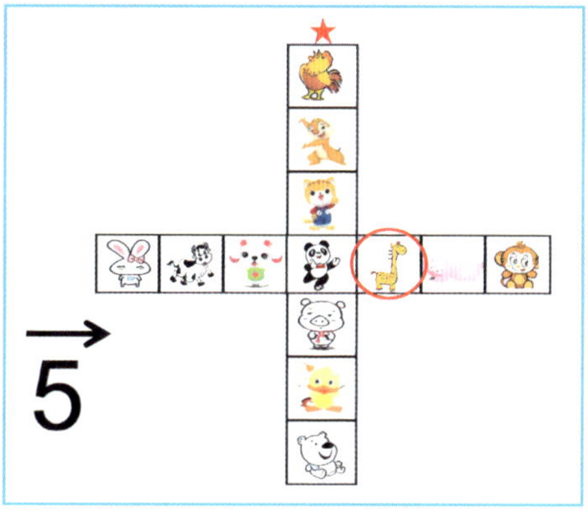

图1-5-5

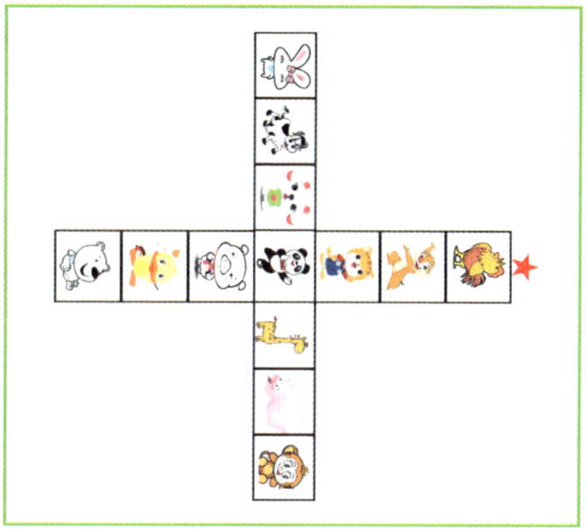

图1-5-6

（3）现在，我们将操作卡转过来，让红点在你们的左边，举起来让老师看看，你们转对了吗？

3. 第三题：↓6。

师：第3个好朋友的位置是这样的，请你们找找它是谁？

4. 第四题：←7。

师：好，快找！一起告诉我，你们找到的是谁？

5. 第五题：大熊猫。

（1）看来都难不倒你们，再来点难的，请你们告诉我大熊猫在什么位置？

（2）幼儿回答。

（3）出示符号，并小结。

师：你们有没有发现，这个大熊猫的位置非常神奇，（等待幼儿回答）快

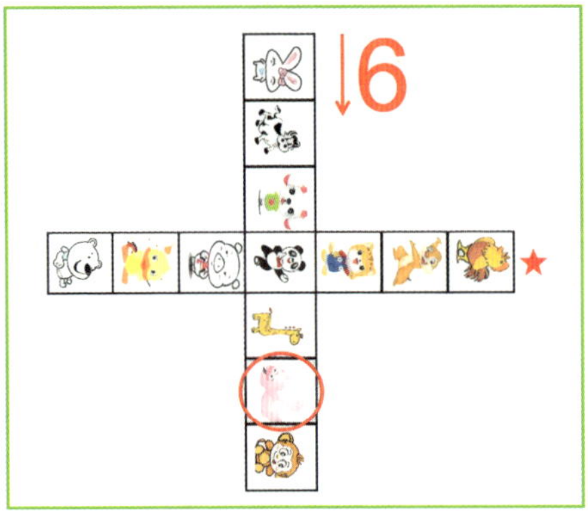

图1-5-7

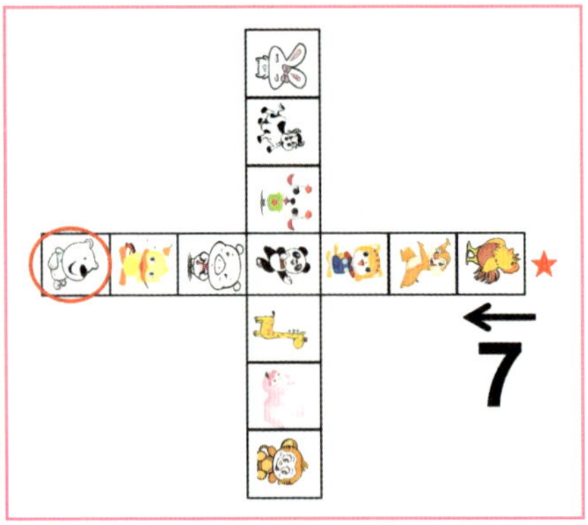

图1-5-8

看，它在从四个不同方向数，都是第4个。

师：这只大熊猫这么神奇，我们把它拿下来，放在手背上，把操作卡放到椅子的下面，看谁的动作最快。

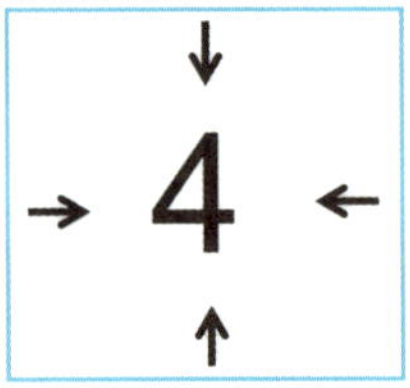

图1-5-9

图1-5-10

设计意图

这一环节是将横列与竖列相结合，呈现一个十字交叉的图形，引导幼儿通过个别操作巩固对已有经验的认知。为了进一步让幼儿理解序列的可变性，在两题练习结束之后，教师加入了旋转，呈现十字交叉图形位置的更换，帮助幼儿不受图形变化按要求找到相应的动物。在最后一题的练习中，幼儿更惊奇地发现无论从哪个方向数，相应序数词对应的动物都是熊猫，从而发现单数序列中最中间位置的序数是唯一序数。

三、游戏"找礼物"，能根据符号找到相应的箱子

（一）出示大箱子，了解箭头的含义

神奇的大熊猫给我们带来了一份大大的礼物，你们看上面有什么？这两个箭头代表什么意思？大河马把礼物都分别藏在每一个小格子里，只有打开小格子才能得到礼物。要打开这里的格子，就要先来破译密码，这个密码就藏在你们手上的大熊猫背面，快点翻过来看看，你的密码是多少？

（二）知道熊猫密码的读法

师：老师听到有小朋友说是"2减3"，这个和我们平时看到的减法算式可不一样哦，中间短短的一横，我们念"杠"，谁来告诉我，你的密码是几？

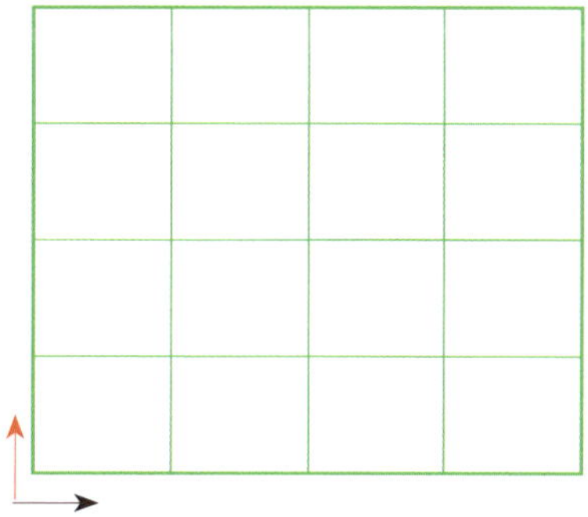

图1-5-11

（三）了解熊猫密码的含义

1. 师：小朋友们都知道了自己的密码，那么你的密码相对应的格子是哪个呢？好好想想，前面红色的数字是什么意思，后面黑色的数字又是什么意思？

2. 师：谁已经找到自己的密码对应的格子了？（个别幼儿回答）

3. 小结：要破译密码，我们首先要看哪个数字（前面），然后怎么数（从下往上），再看哪个数字（后面），然后怎么数（从左往右），这样你就能找到属于自己的箱子，并得到礼物了。

4. 幼儿分组找格子，并取出格子中的信封。

（四）幼儿拼图（3×3小拼图）

1. 教师讲解操作要求：现在每个小朋友都拿到了礼物，那么你的礼物到底是什么呢？你必须听清楚3个要求：①每个小朋友都会有这样一块板（9宫格），你必须让板上的两个箭头在你的左下角；②在信封里有9张图片，你必须保管好，不能少一张或者多一张；③在每张图片的背后都有一个密码，大家要看清楚，并找到相应的格子贴上去。

2. 幼儿拼图：每个幼儿一块9宫格板，9张图片，每张图片背后都贴有二维

序数，幼儿根据二维序数完成拼图。

（五）大拼图（4×4大拼图）

1. 根据熊猫密码，将自己完成的拼图贴到16宫格相应的位置上。
2. 幼儿分组操作，最后将16张小图拼成一幅完整的森林图。
3. 这幅画实在是太漂亮了，我们一起来拍照留影吧！

设计意图

本环节将序数从一维递进到二维，从平面二维递进到立体二维。首先通过对二维序数标记的认识，对“密码”的解读帮助幼儿找到相对应的二维序列位置所在的格子。其次通过对9张图片的拼图，个人操作，巩固幼儿对平面二维序数的认识。最后通过“密码”将完成的拼图放回到16宫格相对应的位置，进而帮助幼儿从平面递进到了立体。

6 智取糖果

活动设计：余姚市星光实验幼儿园　陈叶桦

设计思路

一、教学分析

数学是一门注重思维训练的学科，引导幼儿学数学是支持幼儿经历有意义的数学学习过程。所以本次活动以“取糖果”作为游戏情境贯穿始终，融入“数数、按数取物、组成、分解”等数学核心经验，关注数学的融合。并通过游戏环节，呈现两两对玩、两队对抗等经历，让游戏具有挑战性、可变性，从而吸引幼儿积极互动、深度思考。

同时，将幼儿生活中常见的糖果作为整个活动的操作用具，使数学内容趋向生活化。而当幼儿对于数的分解和组成等的运用经验和游戏经验丰富后，在日常活动中就可以借助其他随手易得的材料开展探索，体验数学的有趣、有益。

二、学情分析

大班幼儿积累的数学经验日渐丰富，数学的学习能力有了很大的提高，对数学的运用、用数解决问题等探究兴趣逐步浓厚，他们更愿意以自己喜欢的方式去探索数学的运用，去关注数学学习的过程。

本次活动基于幼儿喜爱的挑战游戏出发，遵循“激发数的兴趣、体验数的运用”创设了“取糖果→放糖果→补糖果”三个层层递进、环环相扣的游戏：在“取糖果”游戏中，让幼儿在两两对玩中了解玩法，获取经验；而“放糖果”游戏中，则以两队对抗的形式，比比谁放成功的格子多，引导孩子在掷骰子取糖果，然后通过分合的方式凑规定数量的糖果；最后的“补糖果”游戏，则以一个问题激发孩子的思维冲突，让幼儿重点感知6的多种分法。总之，让幼儿始终在玩中学，在赛中学，在游戏中较好地复习数的组成、分解，学习凑数。

活动目标

1. 尝试运用数的分解与组合经验解决游戏情景中的问题，体验9以内数的多种分合方法。

2. 能积极动脑参与游戏，体验游戏的乐趣。

活动准备

1. 幼儿操作材料：实物糖果、自制糖果若干，自制骰子10个，筐、圈若干。

2. 教师操作材料：PPT课件。

活动过程

一、学习游戏玩法

引导语：今天老师想请小朋友们一起玩个游戏，游戏的名字叫“取糖果”，到底怎么玩呢，我们先来看PPT演示吧。

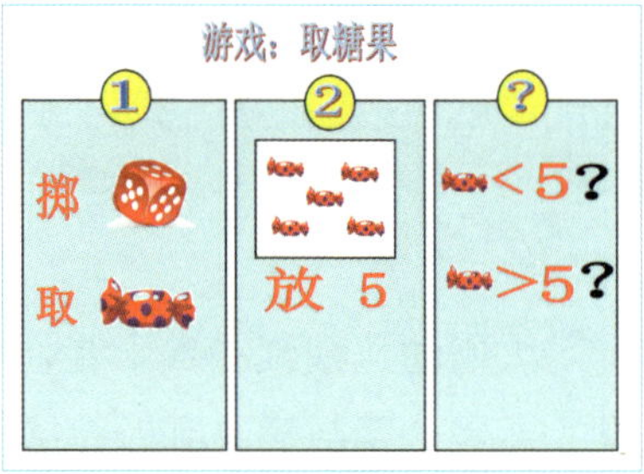

图1-6-1

1. 幼儿观看学习。

2. 交流发现：你们看懂了吗？他们是怎么玩的？

3. 看PPT课件提问：刚才视频里的小朋友取了8颗糖，看看他的8颗糖是怎么分的？还可以怎么分？（7颗和1颗也是一种分法，可是有5颗吗？必须要有5颗的话，那该怎么分？）

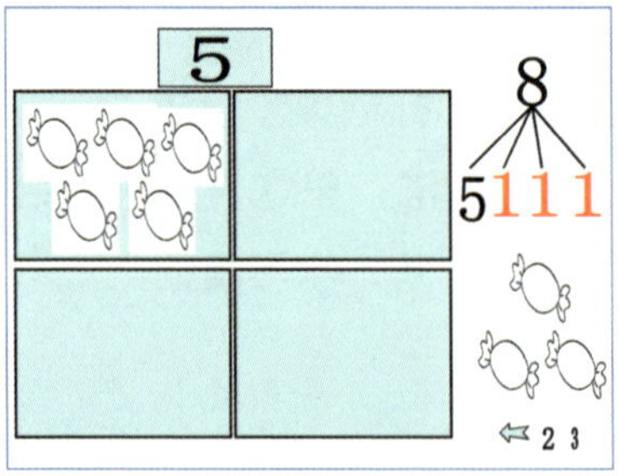

图1-6-2

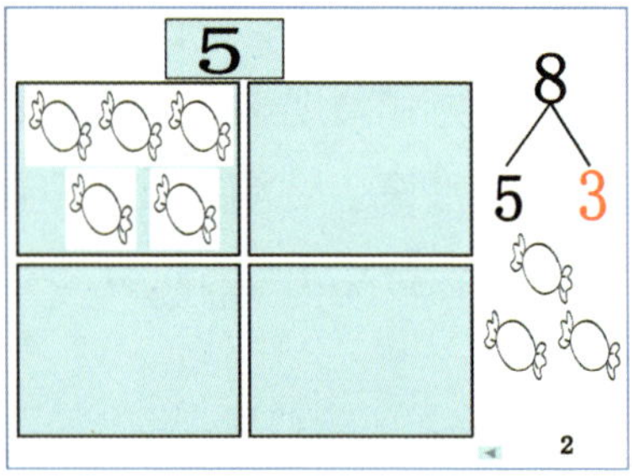

图1-6-3

4. 小结：这个游戏就是一个凑5颗糖果的游戏，首先根据骰子取糖，然后要在一个筐里放满5颗，多出来的糖用不同的分法，可以放在2个筐里，也可以放在3个或4个筐里。最后在一个筐里放满5颗，就可以赢取糖果。

设计意图

此环节通过看视频里的凑5游戏，让幼儿初步知道玩法，感受凑5的多种可能，为下一环节“两两对玩”做铺垫。

二、两两对玩，体验游戏规则

第一关：取糖果

1. 交代任务：我们也来玩玩这个游戏吧。注意，依然是凑5颗糖果的游戏。如果红筐里的糖果都取完了，那就表示游戏结束了，比比谁取的糖果最多。取完了之后要把糖果重新放回到红筐里，然后再回到座位上。小朋友们，能做到吗？开始游戏吧。

图1-6-4

2. 幼儿两两玩游戏。

3. 交流发现：第一关游戏结束了，刚才的游戏是你赢了吗？有没有取胜的秘诀和大家分享一下？

4. 小结：老师发现很多小朋友在游戏中不光用自己的糖果凑成5颗，还利用对手多出来的糖果给自己凑成5颗，是这样吗？这也是取胜的秘诀呀，看来大家都会玩这个游戏了。

设计意图

此环节是上一环节的实践推进。在了解了凑5的方法后开始游戏，让幼儿进一步清晰规则和9以内各数的组成。两两对玩的方式，让每位孩子都能投入其中。游戏后的分享：你取胜的秘诀是什么？引发孩子自己梳理经验，即利用剩余糖果的数量和拿到糖果的数量去凑5，凑的5越多就越可能获胜。这个秘诀将是下一环节中取胜的关键。

三、组队对抗，探索游戏内容

第二关：放糖果

1. 那我们就进入到游戏第二关——放糖果。这是一个对抗赛，我们要分成两队比赛，你们是什么队？（红队和绿队）

2. 红、绿两队的队员请看游戏规则：

规则一：两队从1号队员开始，轮流上来掷骰子、取糖果、放糖果。

规则二：每个格子里放满5颗就要用一个圈圈起来，表示成功，并能得到一颗星星，格子里多出5颗则收掉不得分。

规则三：红队用红圈，绿队用绿圈，最后比比哪队的格子多，多的获胜。

图1-6-5

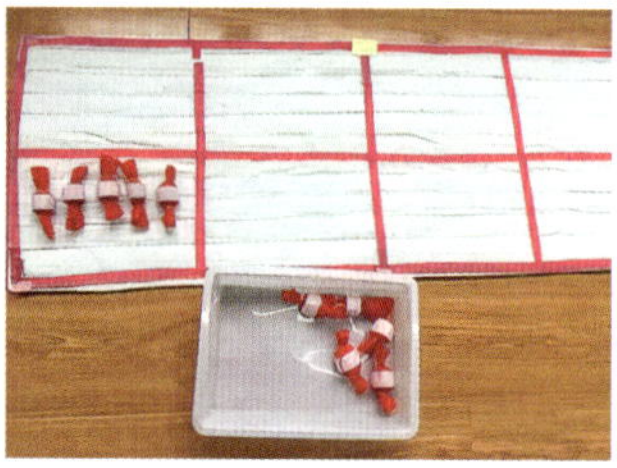

图1-6-6

图1-6-7

小朋友们听懂了吗？第一条规则是什么？第二条呢？第三条是什么内容？

3. 幼儿游戏。

（1）引导幼儿使用大数的骰子游戏。

（方案1：如有幼儿分开放，则问：为什么这样放？）

（方案2：格子里有剩余的糖果，但幼儿没有去接着放，提问：你觉得还可以怎么放？哪一格里的糖果最接近5颗？是呀，找糖果数最接近5的格子，取胜的机会更多。）

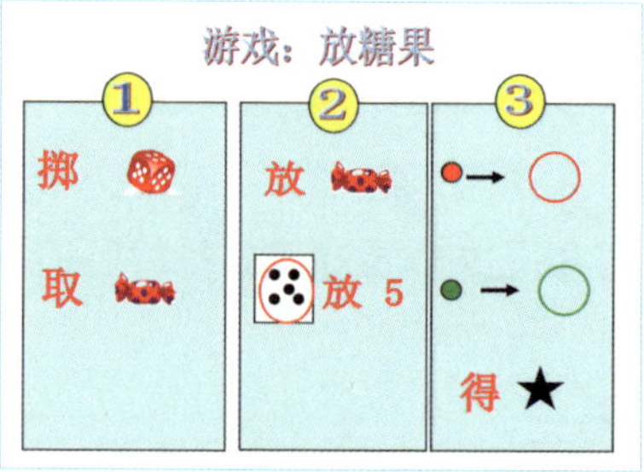

图1-6-8

（方案3：出现一个格子里3颗或者4颗糖果时，问：这样放接下来是对你们队有帮助还是对他们队有帮助？为什么？然后请有利的一方接着放糖果，提问：你看这样放反而帮助他们队更快地凑到5颗了，你觉得这样放行吗？那要怎么放他们才不能那么快凑到5颗？）

小结：要想办法用多出来的糖果给对手制造困难，让他们不容易凑成5颗，这也是取胜的秘诀。

（2）引导幼儿使用小数的骰子游戏。

引导语：比赛越来越激烈了，老师要换骰子了，这次的骰子和刚才的有什么不一样？会出现什么情况呢？

是呀，点数都比5小了，一下子凑不成5了，这时候你们该怎么办？怎么放才会让自己的队赢得更多呢？要仔细思考哦！比赛继续。

方案4：如果有两个或两个以上的格子多出了糖果，问：你准备怎么放？大家觉得可以怎么放？

方案5：正好都放完的情况下，问：猜猜接下来哪队会赢？

4. 教师小结：刚才的游戏有的队凑出了好多的5，有的队自己凑不出5却帮助别的队凑成了5，问题出在哪里呢？拿到糖果后可以和格子里原来有的糖果去合成5颗，还可以用多出来的糖果给对手制造困难，让他们不容易凑成5。

设计意图

这个环节是本次活动中高潮迭起的一环，孩子们通过两种颜色的座位分成红、绿两队，对抗赛每位队员轮流参加，既要用手里的糖果去凑5，又要用多出的糖果给对手制造凑5障碍，这是对幼儿原有经验的挑战，也是对数的组成灵活运用的考验。由于孩子们拿糖果的数量是由掷骰子的结果决定的，孩子们的摆放方法也各有不同，有的孩子能马上凑成5，再利用多出的糖果分别放到其他格子里，尽量不让对方凑出更多的5；但也有孩子会把多出的糖果直接放到一个格子里，反而让对方更容易凑成5；不同的孩子有不同的想法，致使这个环节的灵活性和随机性很大，所以在这个环节结合多次试教经验，加入了不同结果的不同引导预案。有的是直接引导，有的是让孩子说说自己为什么这样放，有的是引导队友一起想办法，有的则是通过对方获取多个5的方式让孩子发现多出的糖果到底要怎么放……努力利用生生差异资源，点亮彼此的火花。当然，在孩子们逐渐掌握诀窍后，活动适时调整难度，用1~4这些小数的骰子，进一步激发起孩子的深度思考。

第三关：补糖果

引导语：请进入第三关——补糖果。应该怎么补糖果呢？请看游戏规则。

规则一：两队派队员各拿好6颗糖果，然后一起上来补糖果。

规则二：每个格子里补满4颗，补得又对又快的幼儿得到一颗星星。

规则三：按要求补糖果。

1. 师：看清楚要求后，根据规则一：先用6颗糖果补满2个格子，没有剩余。

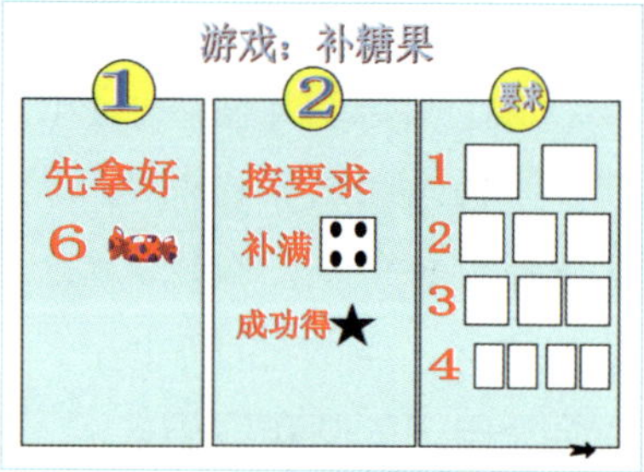

图1-6-9

2. 幼儿补糖果。黄色的是已有的糖果，两队幼儿分别在对应的颜色底板上进行取糖果游戏。

3. 两队互相检查：把6分成了几和几，是不是补在了两个格子里，每个格子里是不是有4颗糖果？有没有剩余？

4. 师：接下来请看规则二：请你们去补满3个格子，没有剩余。

5. 两队互相检查：把6分成了几和几？可以得到几颗星星？

6. 师：刚才是两队中的代表为你们夺得了星星，小朋友们，你们想不想也来为自己的队夺取更多的星星？那等下请你们从椅子下面拿出垫板，并按规则补糖果，明白了吗？请拿出垫板。

7. 师：请你们去补满4个格子，没有剩余。

8. 两队选手互相检查：看看哪一队补齐得多？

9. 小结：原来可以用数的组成和分解来解决我们游戏中遇到的问题，大家真棒！现在游戏全部结束，最终哪队获胜了？恭喜你们，你们的奖品是后面所有的糖果，大家一起分享吧！

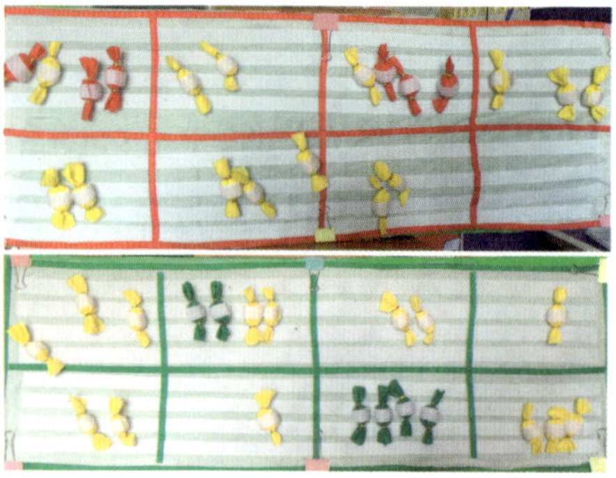

图1-6-10

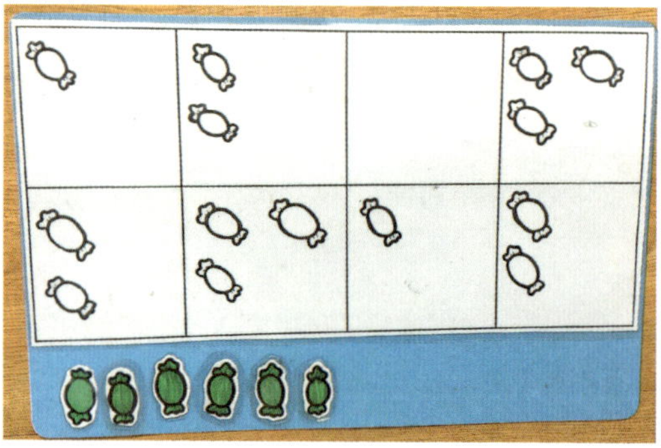

图1-6-11

设计意图

这个环节呈现的是巩固理解、迁移运用。同样的6颗糖果去补齐要求中的格子，会有不同的答案，这也考验了幼儿对6的组成的熟练运用，也巩固了之前游戏中凑5的经验。这个过程中两队对抗的方式与之前又有了变化，允许队员们先商量后再派代表上去补，教师适时后退，让孩子充分地想、说、听、看，呈现的是集体的智慧和力量。在最后的对抗中是每位队员独立进行，这是一次给予每位孩子为自己的队获胜而努力争取的机会，也是用不同的游戏方式激活数学，引发孩子学数学、用数学的兴趣。当然，任何一次好的活动，一定不是终止，而是下一次探索的开启，这次活动的经验可以让孩子们带入日常生活中，进一步激发后续学习数学的兴趣和动力。

7 6的组成

活动设计：余姚市乐蓓尔幼儿园　谢巧燕

设计思路

一、教学分析

数的组成是数概念教育内容中的一个重要部分，通过数的组成这一教学，不仅可以使幼儿掌握数的组成与分解，而且有助于加强幼儿对整体与部分、部分与部分之间的抽象关系的理解。“6的组成”作为大班的一个数学活动，是在幼儿学习了5的分解组成和5以内的加减法的基础上进行的。本活动以游戏为主体，借助于生活中的情景和幼儿的操作活动进行教学，让简单枯燥的内容变成幼儿喜欢的活动，让幼儿通过动手操作，在游戏中习得能力，为幼儿了解数学的用处和体验数学学习的乐趣打下扎实的基础。

二、学情分析

大班幼儿已经出现抽象逻辑思维的萌芽，在认识事物方面，不仅能感知事物的特点，而且能够进行初步的归纳和推理。数与我们的生活有着密切的联系，大班幼儿已经具备了一定的生活经验，教学活动从幼儿身边的事物出发，让他们用生活中可以用到的数来感知数的意义，这不仅能让幼儿切实体会到数学的应用价值，同时也可以培养幼儿的数感。

活动过程采用游戏的方式，促使幼儿主动学习。活动中第一个环节通过游戏去引导幼儿发现、感知6的分合规律，第二个环节通过用6个硬币购物和抽象的6元购物券购物，让幼儿从具象到抽象，在实际操作中感知6的组成与分解。

活动目标

1. 学习6的组成，知道6可以分成两个和两个以上的部分数。

2. 在操作活动中不断探索数的多种分法，懂得交换两个部分数的位置合起来总数不变。

活动准备

1. 幼儿操作材料：记录表人手1份、硬币6枚、6元购物券1张、采购卡2张；带标价的商品小卡片、投币罐、箩筐。

2. 教师操作材料：硬币6枚、记录表。

活动过程

一、谈话引题

1. 师：这是什么？（硬币）老师给你们筐里也准备了硬币，大家数一数，有几枚硬币？6枚硬币用数字几表示？

2. 师：硬币的两面你发现了什么？（一面有花，一面有数字1）追问：1表示几元？1元硬币表示1元，6枚硬币表示几元？

设计意图

创设幼儿熟悉的生活场景，为幼儿主动学习建构支架。借助教具硬币本身具有的两面图案，在投掷游戏中感知不同的分合形式。此环节引导幼儿观察硬币两面不同的图案，自然引出后面的玩硬币游戏。

二、感知6的组合

1. 玩一玩、记一记：

（1）今天我们用这6枚硬币来做个游戏，看老师是怎么投掷的，把6枚硬币捏在手里（将硬币随机投掷于箩筐内），看看1朝上的硬币有几枚，花朝上的硬币有几枚？

（例如：1朝上的有1枚，把它记在一边，花朝上的有5枚，把它记在另一边）

（2）每个小朋友都有1张和我一样的记录表，请你们也来投掷一下这6枚硬币，多投掷几次，把不同的结果记录下来，如果出现重复的，就再投掷一次，看谁记得多。

2. 幼儿游戏记录。

3. 感知6的组合：

（1）1朝上的有几枚，花朝上的有几枚？老师根据幼儿的回答记录。

1	5
2	4
3	3
4	2
5	1

图1-7-1

（2）看看6枚硬币有几种分法?（5种）幼儿朗读分合式。

（3）从右边两排数中，你们发现了什么秘密?

4. 小结：左边的数字越来越大，右边的数字越来越小。第一组和第五组，第二组和第四组数字是互换位置的。

设计意图

动手实践、自主探究与合作交流是幼儿学习的重要方式。在教学过程中教师留给幼儿充分的时间和空间，让幼儿动手操作。活动中会出现重复的或者6个都是同一面的情况，6和0这种分合式是没有的，这时就需要提醒幼儿再玩一次。最后老师将幼儿的记录进行有序归纳、整理，便于后面引导幼儿发现互换和两边数字逐一增减的规律。

三、购物游戏

1. 第一次购物游戏：硬币除了游戏，还有什么用？老师为你们准备了1张采购卡，请你们用6元钱买两样商品，这两样商品价格合起来正好是6元，在投币罐里放好硬币后，将采购到的物品插进你的采购卡里。

2. 幼儿游戏。

3. 分享交流：你们买了几样商品，用了几元钱？有没有不一样的？

4. 教师检验：老师看看，你们买对了吗？

5. 第二次购物游戏：6元的购物券幼儿每人1张，用这6元购物券买两样商品，但这次的商品价格要和刚才买的商品价格不一样。

图1-7-2

6. 幼儿游戏（请老师做收银员）。
7. 第二次检查：这次买的和上次一样吗？买了几样？用了多少钱？
8. 幼儿互相检查。

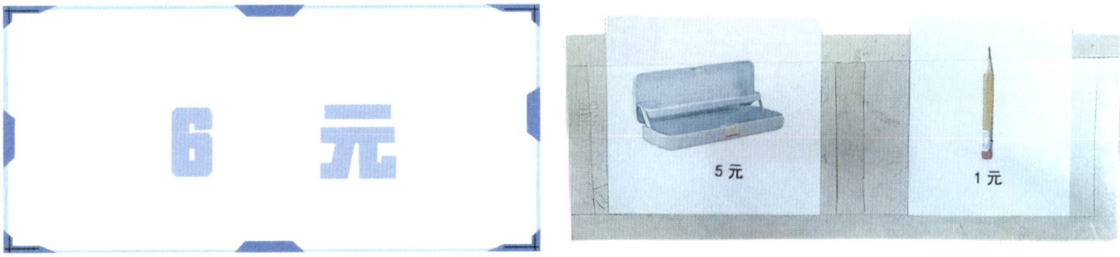

图1-7-3

设计意图

两次游戏第一次是用硬币购买，主要是在购物的游戏中复习6的分解，巩固幼儿已有经验。老师通过引导1元和5元合起来是几元，再结合数字的组成式出现，直观的教具加深幼儿对6的组成的记忆。而第二次购买难度增加，从实物硬币的使用过渡到购物券的使用，从具体形象的物品过渡到抽象的数字，而且运用不同形式练习组合分解。

四、方法迁移 巩固强化

1. 第三次购物：每人6元钱，买三样或更多的商品。
2. 幼儿购物游戏。

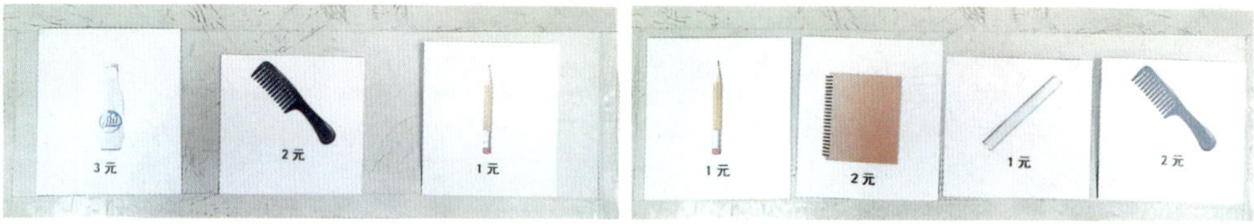

图1-7-4

3. 教师检验：你买了几样？用了多少钱？有没有比三样更多的？同样的6元钱为什么有的小朋友买了三样商品，有的小朋友却可以买四样？

设计意图

重复的游戏，不同的要求，通过不断地提升与拓展游戏难度，激发幼儿对挑战性游戏的兴趣，此环节是前面内容的巩固与延展，幼儿利用知识的迁移，在一次次的沟通游戏中去感知6的更多组成方式。

8 卡牌对对碰

活动设计：余姚市四明幼儿园　魏心怡

设计思路

一、教学分析

在日常生活中，许多家长都过早地让大班幼儿学习10以内甚至100以内的加减运算。实际上，这并不是真正意义上的数运算，而是机械地让幼儿记住类似与5+5=10这样的算式，这可能会阻碍幼儿真正理解数运算的意义。在《学前儿童数学学习与发展核心经验》一书中也提到，只有当幼儿的生活经验足够丰富，数概念有了一定的发展之后，才能开始接受符号的表征，并逐渐从具体的、真实的情境中抽象出来。

本次活动核心要点为："一定数量的物体（整体）可以分成几个相等或不相等的部分，这几个部分又可以合成一个整体。"让幼儿通过数的分合感知整体与部分的变化，在活动过程中感受一个数组合与拆分的多种方法，引导幼儿关注集合的数量以及数量的变化，当积累大量有关数的组成和分解经验后，幼儿建立的有关小数量的视觉数感就会扩展到更大的数量，当幼儿知道数的各个部分，并且理解它们与其他数字的关系时，就会很自然地进行加减运算。

在数运算活动中操作材料的选择是非常重要的，如何用简单易得的材料进行探究、了解数字的分解与组合呢？我们选择了日常生活中常见的扑克牌，利用扑克牌上点的数量建构起抽象与具象之间的桥梁，通过一次次竞赛的方式，带领幼儿感知数的奥秘与数运算的有趣。

二、学情分析

对于？+？=？，幼儿常常通过机械记忆和点数的方法，不能把抽象的加法运算具象化，也不能很好地通过组成来加以理解，组成与加法运算不能有效地贯通。因此我们设计了此次活动，通过借助扑克牌上的"点"作为桥梁，来培养幼儿的抽象逻辑思维，发展幼儿的抽象数概念。

本次活动通过集合与部分之间的变化与拆分，以扑克牌为切入点和媒介，通过10的组成来引导幼儿探索部分和整体之间的秘密。第一个环节：认识扑克，重温10的组成，根据幼儿已有经验，重温10的两数组成，通过两张卡牌对对碰的游戏激发幼儿的学习兴趣。第二个环节：引出加法列式，由具象变为抽象，通过3+7=10和7+3=10两个列式明白加数交换，“和”不变的数学规则，为下一步奠定基础。第三个环节：三数相加组成10，两个集合不断变化，幼儿通过自主拆分部分数，学习三数相加。第四个环节：活动延伸，进一步探索如何能用更多的小部分组成一个整体，激发幼儿探究数字的兴趣。

活动目标

1. 进一步感知10的组成与运算，在游戏中理解数量的实际含义并运用10的组成方法。

2. 了解卡牌对对碰的规则，积极参与游戏，熟练运用并学会10的组成，尝试用三个数凑10。

3. 在情境中感受数学的有用和有趣，乐意参与数学活动。

活动准备

1. 幼儿操作材料：人手一张卡牌、16份操作卡、1~9卡牌若干。

2. 教师操作材料：展板、教师手牌若干。

活动过程

一、凑10游戏，激发兴趣

（一）卡牌凑10

（活动前在每位幼儿的身上贴上数字卡牌）

引导语：孩子们，今天我们要一起来玩一个游戏，你们身上都有一张牌，请你们看看自己的牌面是几？

1. 交代任务：我要和你们玩一个数字凑10的游戏，我来出牌，你的数字和我出的数字合起来必

图1-8-1

须是10。

2. 交流发现：原来有这么多数字组合能够凑成10。仔细观察，你们有没有发现这一列的数字的变化？那这一列呢？

3. 看数字排列，概括发现。

4. 小结：原来一个数字要慢慢变大，另一个数字慢慢变小，这样他们合起来就还是10。

（二）运用加法，加数互换

（教师提前准备两个加法列式：3+？=10，7+？=10）

引导语：我这里有一个加法列式，请你们帮我看看这个问号的地方该放卡牌几？原来，3+7=10，我们可以通过加法列式的方法得知10的组合。现在呢？

1. 交代任务：如果你们能和我的卡牌相加合成10就来贴一贴吧。

2. 交流发现：仔细观察，这两个加法列式有什么相同点和不同点？

3. 小结：原来这两个加数只是交换了位置，他们的和不变，都是10。

图1-8-2

设计意图

此环节通过孩子自己身上的卡牌和教师的卡牌进行凑对，采用凑10的方法来巩固已有经验，通过游戏这个媒介进行。教师将卡牌有序排列好，通过展板的呈现，幼儿能够清晰地看到每列数字的变化，概括出其中的两个部分数的变化规律。再通过加号和等于号的出示，将简单的两个数相凑为10，变成两数相加和为10，更加抽象化。同时，通过两个加法列式的出示，让幼儿观察且讨论，发现两个加数交换位置而和不变的秘密，也为后面三数相加、幼儿自主进行操作、加数交换位置做了铺垫。

二、了解规则，三数凑10

（一）经验提升

（教师提前准备要显示的PPT课件页面）

引导语：两个加数，我们用加法列式的方法凑出了10。这一次我有1到9，9张牌，他们也想玩凑10的游戏。你觉得5和几能够凑成10？这一次我的列式要变了，变成三个数相加。现在应该怎么办？

1. 交代任务：请你们想一想后面两个加数该放卡牌几才能得出5，然后和另一个5相加得10呢？

2. 交流发现：原来我们可以通过仔细观察扑克牌牌面点的数量，看看点数和点数的组合，就可以更快地了解数字与数字的组合，这是一种好方法。

3. 小结：我们可以先通过两个数凑10，再进行另一个数的数字拆分，得出三个数凑10的小诀窍。

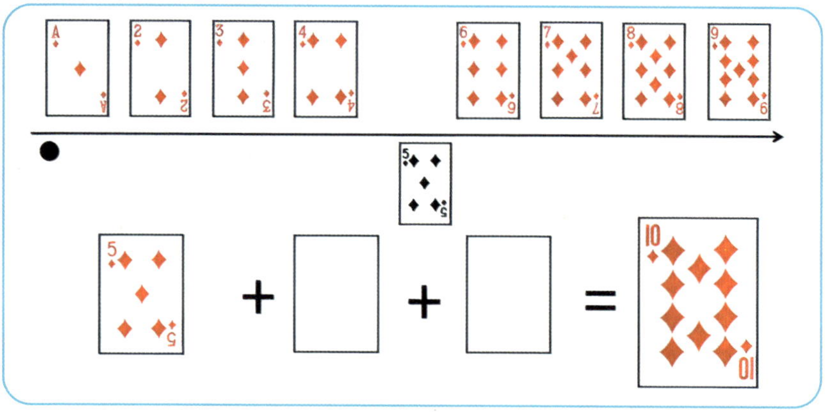

图1-8-3

图1-8-4

（二）幼儿操作

（教师提前准备16份操作卡）

引导语：老师也为你们带来了这样一份操作卡，现在请你们把它拿出来，我们要继续挑战了。

1. 交代任务：将数字1留下，把剩下两个格子填充满，使三数相加得10。

2. 交流发现：首先1要和几相加得10？再从9里拆分，有1和8，2和7，3和6，4和5。哪个答案需要去掉？

3. 小结：原来可以先想想两数相加得10的办法，再进行另一个数字的拆分。

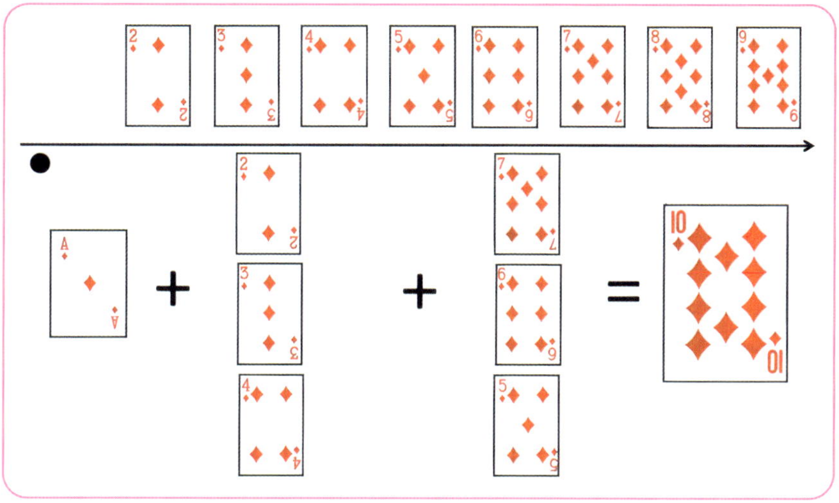

图1-8-5

（三）进行比赛

引导语：那我们就要进行小组比赛了，当我出示一个数字，请你们举出另外两张能够和我相加为10的卡牌，记住哦，只有一组全对才能获得贴纸，看看哪一组是最终的赢家吧。

1. 教师出示2（幼儿出示1、7，3、5）。
2. 教师出示4（幼儿出示1、5）。
3. 教师出示3（幼儿出示1、6，2、5）。
4. 教师出示7（幼儿出示1、2）。
5. 教师出示6（幼儿出示1、3）。

设计意图

此环节层层深入，通过上一个环节两数相加到经验提升，变成三数相加，通过5+？+？为切入点，让幼儿只能拿一张卡牌的规则下想办法、动脑筋，变成三数相加，幼儿操作在前，教师验证在后，通过这样的方式，让幼儿自主探索发现三数相加的奥秘，感受数字的分解与组成。再到幼儿自主试一试，教师出示1，确定一个数，请幼儿完成9的分解，给予幼儿足够的时间进行自我探索并归纳总结。到第三个环节为小组比赛，让幼儿在竞赛的氛围中激发兴趣，快速地想出每个数的分解，符合数学核心经验：当积累大量有关数的组成与分解经验后，幼儿能够建立的有关小数量的视觉数感就会扩展到更大，幼儿就能够明白数字之间的关系，然后很自然地进行加减运算。

三、活动延伸

引导语：原来3个数凑一凑，用加法列式的方法这么有趣，数学世界真奇妙，那我们能不能用更多的数字去凑10呢？凑20？凑30？让我们带着这个问题一起回到教室里再去玩一玩吧！

设计意图

任何一次好的活动，一定不是终止，而是下一次探索的开启。数字拆分不仅有将一个整体进行3个数的拆分，更有4个数的组成、5个数的组成，重要的是激发幼儿学习的兴趣，为幼儿后续学习数学埋下一个爱探究的种子。

9 大于号与小于号

活动设计：余姚市工业幼儿园　阮利琴　潘敬之

设计思路

一、教材分析

数学符号作为教材中不可或缺的内容之一，其最大的特点是简练抽象、具有代表性，这也是符号本身的价值和优势所在。“＞”和“＜”是两个表示数的大小关系的符号，形象有趣且特征明显，比较两个事物的大小和多少是数学领域中常用而又十分重要的方法，用途非常广泛，它不但能反映出事物之间的数量关系，加深幼儿对数的认识，而且这种数学思维对解决实际生活问题也有很大的帮助，但不等式的含义却是幼儿难以理解的。本活动通过引导幼儿观察“＞”和“＜”的明显特点，了解其不等式成立的要求。通过游戏的形式进行操作和学习，提升幼儿的探究兴趣，帮助幼儿对数学符号有一个初步的认知。

二、学情分析

大班幼儿的认知、动手操作、抽象逻辑思维能力在不断提高。现阶段的幼儿对数学标记与符号有一定的了解，能够熟练地比较两个数的大小，但对于“＞”和“＜”的认知较少，也不理解不等式的含义。本次活动旨在用游戏形式帮助幼儿感知生活中数学的有用和有趣，第一个环节通过游戏让幼儿认识“＞”和“＜”，比较两组实物和图像的多少；第二个和第三个环节通过“小熊商店”的游戏情节帮助幼儿比较两数大小，理解“＞”和“＜”的含义，感知10以内数的集合；最后的环节以“礼物大放送”游戏让幼儿尝试运用数学知识解决实际问题。

活动目标

1. 认识“＞”和“＜”，尝试运用数学知识解决实际问题。
2. 大胆表达自己的发现和想法，锻炼思维的可逆性和灵活性。
3. 积极参加游戏活动，增进对数学活动的兴趣。

活动准备

1. 幼儿操作材料：1~10数字卡每组1份；“>”或“<”卡片人手1份；贴有“小商品”及相应价格的大转盘。

2. 教师操作材料：“>”“<”的卡片；PPT课件；海洋球2袋。

活动过程

一、认识“>”和“<”，比较两组实物和图像的多少

1. 演示PPT课件，认识“>”“<”。

引导语：瞧，老师这里有两个符号，它们的样子你们能用身体来变一变吗？听到我的口令后，看谁能够又快又对地变出这两个符号。

2. 交代任务：PPT课件上显示“>”，同时出示两袋数量差别较大的海洋球。

引导语：瞧，我这里有两袋球，如果要把它们放在这个符号的两边，应该怎么放呢？为什么这么放？

（1）（翻转大于号变成小于号）那现在这两袋球这样放合适吗？应该怎么放？

（2）你认识这两个符号吗？叫什么？哪个是大于号？哪个是小于号？

小结：大于号大大的嘴巴朝左边，小于号大大的嘴巴朝右边。

3. 演示PPT课件：我这儿还有两盘水果，中间应该放哪个符号呢？

小结：无论是大于号还是小于号，大大的嘴巴都要对应数量多的物品。

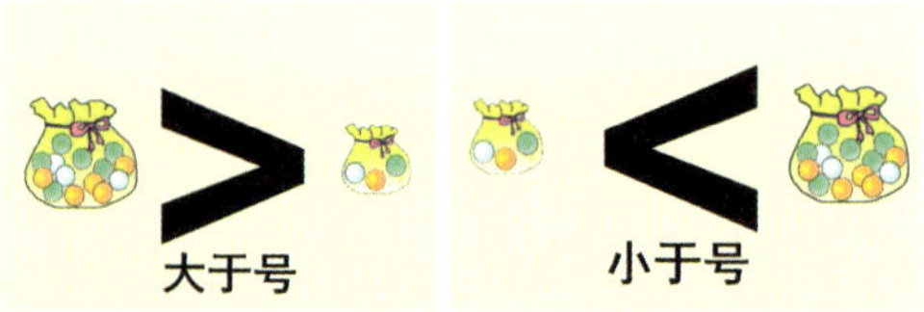

图1-9-1

设计意图

此环节“开门见山”，直接出示两个符号，初步引导幼儿观察其特点，重点学习区别开口方向。通过在符号两边摆放相应数量的物品，了解无论是大于号还是小于号，“大嘴巴”永远对应的都是数量较多的物品。最后通过身体变符号的游戏，再次巩固幼儿对大于号和小于号的特征的了解。

二、比较两数大小，理解“>”和“<”的含义

1. 任务一：

引导语：今天是小熊商店开业的日子，它的店里商品的价格是1~10元。让我们看看第一个货柜吧！

（1）交代任务：比较第一个货柜上的两样商品的价格，学习正确使用“>”和“<”。

（2）PPT课件出示第一个货柜：饮料和巧克力的价格分别是多少？4和2，谁大谁小？应该在中间放哪个符号？（4>2）闹钟和帽子的价格又是多少？该放什么符号？

图1-9-2

（3）师：都放对符号了吗？我们一起来念念看吧！

（4）师：你发现了什么秘密呢？辅助提问：看，不管是大于号还是小于号，它们的大嘴巴朝向的都是大数还是小数？

小结：不管是大于号还是小于号，它们的大嘴巴始终朝向着大数。

2. 任务二：

引导语：你们都非常厉害，小熊要来考考你们，如果答对了，就可以进入小熊的第二个货柜。

（1）交代任务：每个人都有一张符号卡，请你们根据我的口令，快速出示相应的符号。

（2）师：你们已经能分清大于号和小于号了，那我们的挑战正式开始！瞧，1和4的中间应该放“>”还是“<”，请举符号卡……

图1-9-3

（3）师：恭喜你们都答对了，数字宝宝和你们一样也开心地跳起了舞。瞧，发生了什么事？数字宝宝交换了位置，这样不等式还能成立吗？你们有什么办法能让我们的不等式继续成立吗？

小结：当符号发生变化时，两边的数字也应发生相应的变化。

图1-9-4

设计意图

此环节是上一环节的推进，重点探索“>”和“<”在数字之间的应用，是幼儿从直观实物到数字的迁移。通过游戏，在巩固“>”和“<”特征的基础上比较两数大小，通过“不管是大于号还是小于号它们的大嘴巴朝向的都是大数还是小数?”的提问帮助幼儿发现“>”和“<”的共同点，并得出开口始终朝向大数的结论，从而提升幼儿的数学思维。通过第二个挑战，在调动幼儿学习兴趣的同时，引发幼儿思考不等式成立的要求，得出当符号发生变化时，两边的数字也应发生相应的变化的结论。

三、猜猜商品价格，感知10以内数的集合

引导语：恭喜你们挑战成功，顺利进入小熊的第二个货柜。如果这次你们也成功了，就可以获得小熊超市里相应的物品啦！

1. 交代任务：第二个货柜的物品价格各不相同，让我们先来看看铅笔的价格。“3>?”应该比3小还是大？那会有哪些价格呢？请你们和小组成员一起思考，把可能的价格按照从大到小排列好。

2. 幼儿小组操作，并分享结果：恭喜×组、×组获得奖励。(“6>?”“8>?”方法一样)

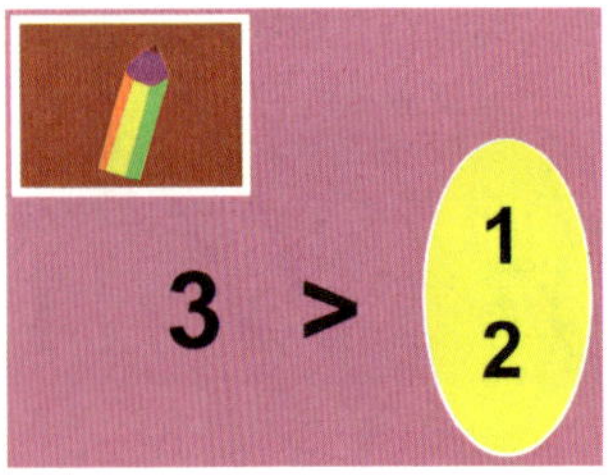

图1-9-5

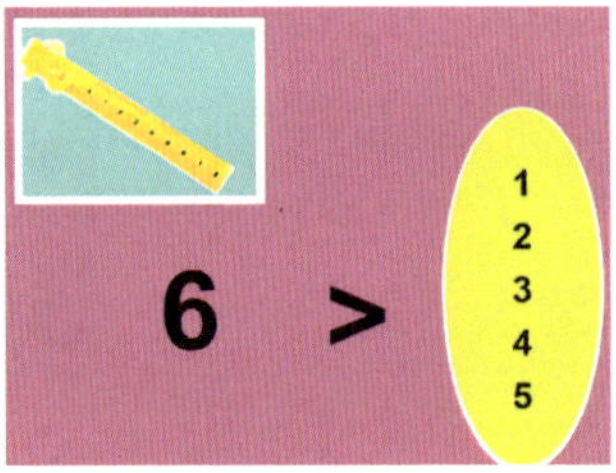

图1-9-6

图1-9-7

3. 观察三组数的集合，寻找数字大小与小于几的数字数量的规律：瞧，我们把数字宝宝都请出来了，你发现了什么？原来数字越大，比它小的数字宝宝也就越多。

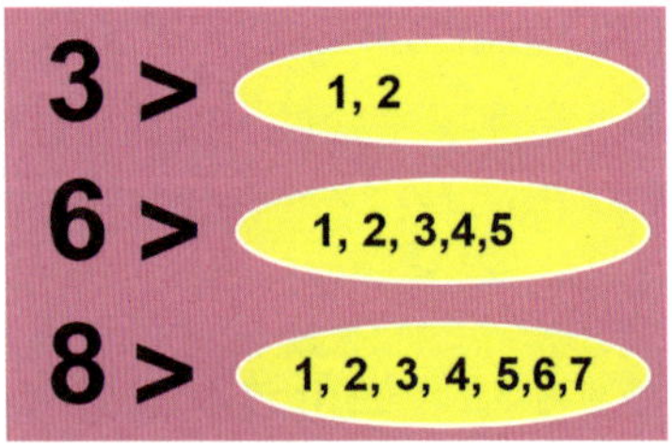

图1-9-8

设计意图

此环节让幼儿对“>”和“<”的认知再次提升。通过小组合作，猜测物品可能的价格，小组间的合作让幼儿相互帮助、降低难度的同时，也让幼儿对不等式有了更深的了解。同时将所有答案呈现出来，引导幼儿观察，得出“数字越大，比它小的数字也就越多”这一结论。

四、游戏：“礼物大放送”，尝试运用数学知识解决实际问题

引导语：恭喜你们第二个货柜也挑战成功！小熊超市的大酬宾活动要开始了。看看他们都有哪些礼品吧！你们在转盘上看到了什么？（物品及价格）

图1-9-9

1. 交代任务：小熊的欢乐大转盘活动就要开始了！你们可以旋转多次，但是每次转到的物品的价格加起来不能超过10元，也不能等于10元。大于或者等于10就会“爆炸”喽，那样就不能获得相应的礼品啦！

2. 幼儿操作，教师记录结果。

3. 今天小熊超市的活动就到此结束啦，下次有新的活动还会邀请你们哟！

设计意图

此环节是整个活动的高潮部分。用幼儿最喜欢的抽奖活动调动他们的学习兴趣。活动结束后幼儿对“>”和“<”已经掌握得非常熟练了，因此在此基础上再次提升难度，累计价格的总数，增加数运算，可以进一步提升幼儿的数学能力。

10 九宫格

活动设计：余姚市实验幼儿园教育集团　张颖荧

设计思路

一、教学分析

数独是一个有趣的数学游戏，它由不同数量的宫格组成，九宫格便是其中一种。它是9个小的3×3宫格，每个宫格有9个空格。游戏规则为宫格中的每排、每列以及每个九宫格中单独的数字只能出现一次。该游戏中包含数学、逻辑规律等因素，一直受到众多幼儿的喜爱。但数独游戏对于大班幼儿来说还有一定难度，所以本次活动将数独游戏简化为九宫格，只需添加1、2、3这3个数字，这是最初级的数独玩法。通过孩子们对磁性板的操作，能厘清数独游戏的基本规则，自然地发现九宫格数独游戏中斜排先放及数字排列的规律，体验数独的趣味性。

二、学情分析

大班幼儿的思维是具体的，已经掌握了部分与整体的包含关系，会进行一些逻辑推理。数独是培养幼儿数学思维的有效途径之一，玩数独时，幼儿必须调动观察、比较、分析、推理、概括等方面的能力，从纵、横两个方面进行考虑，才能完成游戏。本次活动旨在让幼儿发现数独方格的规则，并运用规则解决问题，锻炼幼儿的观察分析能力和判断推理能力，让幼儿在独立思考、解决问题的过程中体验闯关成功的快乐。

活动中幼儿人手一面磁性白板，使用磁性数字贴在白板上进行操作，该学具有着便于个人操作、改错和展示的优点，可以提高教学效率和幼儿的游戏兴趣。

活动第一个环节：挑战十字格，初步体验填格游戏，让幼儿通过简单地填写十字格，理解游戏规则。第二个环节：初步挑战九宫格，厘清思维路径，该环节作为基本环节，通过PPT课件演示和个人的操作，一步步习得解题思路。第三个环节：发现斜排规律，进一步挑战九宫格，这个环节是本次活动的难点，通过对比发现斜排的奥秘，为幼儿解题助力。贯穿始终的分组比赛模式，可以为活动增添竞赛的刺激感，增强幼儿的学习兴趣。

活动目标

1. 根据行和列的数字都不重复的规则完成挑战，能用推理、判断的方法游戏。
2. 喜欢玩挑战游戏，在独立思考、解决问题和交流互动中体验成就感。

活动准备

1. 幼儿操作材料：幼儿用白板、数字贴、奖品。
2. 教师操作材料：PPT课件；师用白板、数字贴。

活动过程

一、兴趣导入

引导语：今天我们要进行一场数字挑战赛，分成4组进行比赛，获胜的小组可以得到奖励，你们想参加吗？接下来就开始比赛吧。

二、挑战十字格，初步体验填格游戏

1. 挑战空白十字格，理解游戏规则。

（1）提出要求：（出示PPT课件）这是一个十字格，谁能找到十字格上的横排和竖排？我们的第一个挑战就是把1、2、3三个数字放进格子中，使横排三个数字不一样，竖排三个数字也不一样，听明白规则了吗？每个人桌上都有一个十字格，请你们去放一放。

（2）幼儿操作，师幼共同检验。

集体分享：把你们的白板举起来。横排2、1、3，有一样的数字吗？竖排3、1、2，有一样的数字吗？挑战成功的话，每组得到一颗星。

（3）小结：今天我们的游戏规则就是横排和竖排的三个数字都不一样。

2. 去掉一个数字，集体游戏。

提出问题：把十字格上的一个数字拿掉，你们能快速说出拿掉的是几吗？我们来试一试。

3. 挑战两个数字十字格，巩固游戏规则。

（1）提出要求：（出示PPT课件）如果十字格上已经有两个数字，你们还能挑战成功吗？请你们先把刚才放上去的数字都拿掉，和大屏幕里的十字格一样，

横排最左边的格子放3，竖排最上面的格子放2。

师：放好了吗？请你们将剩下的空格补充完整，要记得让横排和竖排的三个数字都不一样。

（2）幼儿操作，师幼共同检验。

引导语：如果完成了请你们读一读，检查一下。大家都完成了吗？大家和屏幕上的答案一样吗？全填对的小组可以再加一颗星。

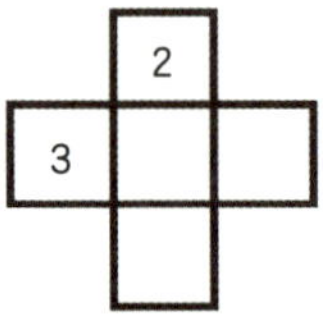

图1-10-1

集体分享：在中间格放3可以吗？放2呢？

（3）小结：原来我们放数字时既要考虑在横排不能有一样的数字，还要考虑在竖排不能有一样的数字。

设计意图

此环节出示的十字格，其实是将九宫格简化，只出现一个横排与一个竖排，目的在于让幼儿初步理解九宫格游戏的规则：把1、2、3三个数字放进格子中，使横排三个数字不一样，竖排三个数字也不一样。难点在于十字格中心数字的确定。教师先以这样相对简单的挑战带领幼儿进入游戏竞赛。

三、初步挑战九宫格，厘清思维路径

1. 集体挑战，初步理解。

（1）提出问题：你们已经掌握了放十字格的方法，让每排的数字都不一样，那就可以参加更难的挑战赛了。请你们不要动十字格上的数字，把白板后面的透明塑封纸拿下来覆盖在十字格上，（出示实物）瞧，十字格变成了一个九宫格，它有几个横排几个竖排？

师：要让每排的三个数字都不一样，剩下的四个格子该怎么放呢？我们一起来试试。

（2）集体挑战第一格。

提出要求：请你们先在右上格放一个数字。放好了把白板举起来。

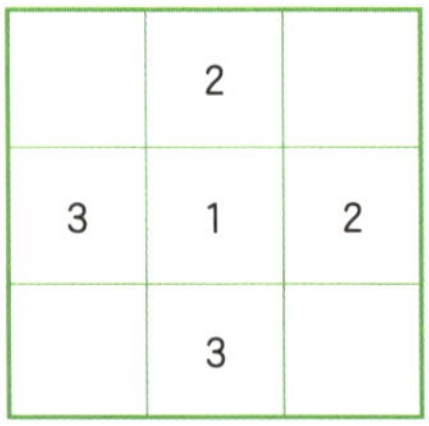

图1-10-2

集体分享：放数字2对吗？为什么不对？不管看横排还是竖排，都已经有数字2了，2就不能再放了。

提出问题：可以放数字1吗？我们试试看。

集体分享：如果不能判断到底该放哪个数字，可以先放其中一个数字试试看，继续往下做就能发现问题。

（3）个人完成剩下的格子。

提出要求：现在请你们把剩下的格子都补充完整。

集体分享：屏幕上的答案一样吗？全对的小组再加一颗星。

	1	
1	3	2
	2	

图1-10-3

2. 个人挑战，巩固思路。

（1）提出要求：这次要请你们挑战一张新的九宫格。把你们的九宫格先放成老师这样，然后去试一试。这次有时间限制哦。

（2）幼儿操作，师幼检验。

集体分享：请看大屏幕，哪组挑战成功了？可以再加一颗星。

设计意图

在理解基本游戏规则的基础上，利用一个外框将十字格巧妙地变成九宫格，这是一个有趣的过程。通过3次试错的解读，细致地让幼儿理解解题的思维路径。幼儿个人在小白板上的操作和教师在大白板上的操作相结合，易于幼儿观察与发现。

四、发现斜排规律，进一步挑战九宫格

1. 发现斜排规律。

（1）幼儿对比观察两个九宫格。

提出问题：（出示PPT课件）刚才我们做的两个九宫格都放在了大屏幕上，找找他们有什么共同的特点吧？

1	2	3
3	1	2
2	3	1

2	1	3
1	3	2
3	2	1

图1-10-4

提示：除了看横排竖排，请你们仔细观察它们的斜排。

（2）小结：这就是九宫格中的奥秘，同一个九宫格里总有一个斜排三个数字都一样，另一个斜排三个数字都不一样。

2. 集体挑战，学会运用斜排规律。

（1）提出要求：知道了这个奥秘，你们能更快完成挑战吗？现在进入极速挑战。给你们3秒的时间考虑，秒声结束后，请第一个举手的小朋友告诉大家先填哪个颜色，填几。答对一题就能为你们组加一颗星。

（2）抢答挑战。

（3）小结：先放两条斜线上的数字，挑战速度就能更快。

		1
	1	

1		
	2	

		2
	3	

图1-10-5

3. 个人挑战，巩固运用斜排规律的经验。

（1）提出要求：今天最后一个挑战，请你们完成这个只有一个数字的九宫格。这是最后加星星的机会喽，等一下你们组有几个人挑战成功，就给你们加几颗星。

（2）幼儿操作，师幼检验。

	1	

图1-10-6

设计意图

此环节是本次活动的重点环节。首先，将上一环节完成的两个完整九宫格进行对比观察，PPT课件提示斜排上的规律，让幼儿发现“同一个九宫格里总有一个斜排三个数字都一样，另一个斜排三个数字都不一样”。知道了这个规律，解题可以更加快速。随后，利用PPT课件出示题目，进行限时抢答比赛，让幼儿通过解题巩固经验，出示的题目经过精心设计，难度层层递进。最后，只有一个数字的九宫格可以出现很多不同的答案，可以给予幼儿无限解题的可能。

五、结束环节，数星星拿糖果

引导语：今天我们的数字大挑战就玩到这里吧，最后哪组获胜了？给你们发奖品哦。

设计意图

最后的结束环节与第一个环节首尾呼应，幼儿根据比赛名次领取奖品，收获全心投入进行挑战的快乐。

11 生活中的数字

活动设计：余姚市工业幼儿园　陈叶桦　朱卫阳

设计思路

一、教学分析

数字在日常活动中随处可见，可以说人们的生活离不开数字。不同地方的数字代表不同的含义，我们要如何逐步帮助幼儿发现和理解这些数字的含义呢？幼儿对于贴近自己生活经验的内容会更有兴趣，更愿意积极表达，所以在诸多包含数字的场景中，我们要有所选择，达到以点及面的效果。

数字在生活中的多种作用需要通过材料操作来让幼儿亲身感受，这样更易于他们理解，也能增加活动的趣味性，让幼儿感受数学活动的乐趣，感受数字的神奇。

二、学情分析

大班幼儿关于数字的经验已经比较丰富，他们也会偶尔对各种数字提出一些问题，如：马路上交通标志的“60”和奶奶的60岁是一样的意思吗？家里的门牌号7-701为什么有两个7？他们会发现数字的奇妙，更渴望得到成人的解答。所以本次活动中，我们根据幼儿思维的具体形象性，以PPT课件帮助幼儿直观感知，以材料让幼儿亲身体验和实际操作。

活动的第一个环节：引题激趣，以教师收到的上课通知作为联系实际的纽带，让幼儿主动发现数字的用处。第二个环节：操作感知，从寻找汽车上的各类数字，到为汽车设计车牌号，感知数字的不同排列顺序组合会得到不同的结果。第三个环节：聚焦提升，针对102这个数字进行自主寻找，发现相同数字在不同生活场景中的不同意义。第四个环节：活动延伸，引发幼儿思考，发现数字对于我们日常生活的重要性。

活动目标

1. 对生活中的数字感兴趣，了解数字在生活中的运用。

2. 乐意参加有关数字的探索活动，发现数字的不同用途。

3. 能大胆表达自己对于数字的想法，加深对数字意义的认识和理解。

活动准备

1. 幼儿操作材料：数字操作卡、大图卡、大图表、数字卡（1、2、0）人手1份。

2. 教师操作材料：PPT课件。

活动过程

一、引题激趣：通知单上的数字

1. PPT演示，师：今天老师来这里之前收到了一张通知单，请你们看看，它上面有哪些数字？告诉了我们什么信息？

2. 小结：原来通知单上的数字告诉了我们上课的日期、时间、有几个小朋友等信息，看着这些信息我们就能准时在这里一起活动了，数字的力量真强大！

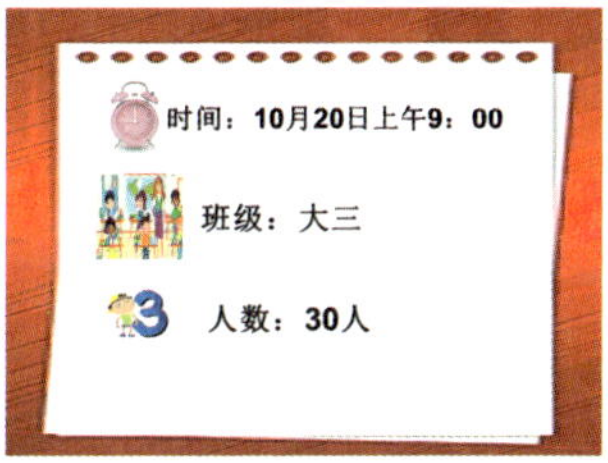

图1-11-1

设计意图 此环节特意选择了教师当天展示活动的通知，比较符合实际情况，幼儿与之建立联系后，更易于理解。而且在这个通知里有很多的数字体现，能让幼儿感受到数字的用处之大，对我们生活的重要程度。

二、操作感知：汽车上的数字

1. 寻找汽车上的数字。

引导语：今天老师是开着汽车来上课的，我这辆汽车上有数字吗？它们又会藏在汽车的哪些地方呢？（幼儿自由发言，教师根据发言出示图片）

2. 排列车牌号。

（1）小结：原来汽车仪表盘、车牌、尾标、多媒体按键等地方都藏着数字，看来你们都拥有一双“火眼金睛”，这么快就找到了汽车上的数字。

（2）那接下来我要给你们一个小任务，请你们来猜一猜老师的车牌号码，它就藏在三个数字中（出示三个数字0、1、2）。

（3）提出要求：

- 请你们把这三个数字排一排，排出一个车牌号，完成后请你们根据自己排列的首个数字分类贴在黑板上。
- 提问：你们觉得应该按什么顺序贴呢？为什么？（按箭头方向从下往上贴）
- 请将相同的车牌号放在一起。

3. 幼儿操作。

引导语：请你们把车牌号贴上，想一想该贴在哪里？怎么贴？

4. 观察与发现。

（1）看着这些车牌号你们发现了什么？

（2）数字0开头的有几种？（两种；分别取出）

（3）这两种有什么相同的地方？（0开头）

（4）那它们又有什么不同的地方？（后面的两个数字交换了位置）

（5）那其他数字的开头一样吗？我们一起来看一看。（如果缺少，请幼儿按规律补上。）

5. 小结：原来以0开头时，1和2交换位置就会有不同的号码，1开头时0和2交换位置就会有不同号码，2开头时1和0交换位置就会有不同的号码。我们今天用0、1、2这三个数字就排列出了这么多的车牌号，而我们的交警叔叔把数字0~9，这10个数字进行换位、排列，组合出了许多不同的车牌号码，让每辆汽车都能拥有它的身份证，顺顺利利地开到马路上去，真的很厉害！

6. 师：那么，老师的车牌号码到底是哪个呢？（点击PPT课件揭示答案）

设计意图

选择汽车作为切入点，是因为汽车是幼儿生活中常见又感兴趣的物品。汽车上的各种数字能引发孩子的各种好奇心，对于汽车，孩子们在生活中已经接触并了解到了一些。而车牌对于幼儿而言更是神奇，它就像一个身份证一样，每辆车都不一样，但是神奇的地方是它们都是由0~9这10个数字组成的。通过让幼儿帮助教师寻找车牌号，对0、1、2三个数字进行操作排列，从而发现3个数字可以组成6组车牌号，并从中找到组合的规律与方法。

三、聚焦提升：生活中的数字

1.（出示数字102）师：102除了表示我的车牌号码外，它还会出现在哪些地方呢？我们一起去参观数字展览会吧！看看会有什么新发现。

2. 交流与分享：谁愿意来分享自己的发现？你们知道这里的102表示什么意思吗？（102路公交车、102幢房子、102室家庭、102页故事书、1月2日日期、102克米、102元价格、102摄氏度温度、102天倒计时……）

3. 小结：当这组102数字出现在不同的地方，在它的前面或者后面加上不同的符号和文字，就能表示不同的意思。数字的作用真多！

设计意图

选择102这组数字，一方面是因为它与前面的环节起着连接作用，另一方面是因为它在生活中非常普遍。所以教师创设了一个参观数字展览会的情境，让幼儿带着任务去寻找，自主发现不同的102有不同的用处。在集中交流过程中不断让幼儿交流自己的发现，来拓展幼儿对于摄氏度、克、元等符号的了解，让幼儿逐步发现102所代表的含义是与这些符号密切相关的。通过一步步操作与深入交流，让幼儿的经验得到提升，理解生活中各种数字的含义。

四、活动延伸：如果没有了数字

1. 师：小朋友们，如果我们的生活中没有数字会怎么样呢？

2. 小结：我们的生活中到处都有数字，可以说我们就是生活在一个“数字”的世界中，数字可以代表各种不同的意思，如果没有它，我们的生活将会有许多的不方便，数字对我们来说非常重要。

设计意图

活动虽然接近尾声，但是对于数字的探究没有结束。我们需要激发幼儿对数字的持续探究兴趣，将这种探究带到生活中。所以这个问题的提出，能引发幼儿的思考，让幼儿意识到数字原来那么重要，这比简单的说教更有意义。

12 数图形

活动设计：余姚市凤山实验幼儿园　高　琤

设计思路

一、教学分析

由于图形千变万化、错综复杂，所以想要准确地数出其中包含的某个图形的数量，不重复、不遗漏是有一定难度的。本活动选取的是幼儿比较熟悉的图形：三角形和正方形，在基础图形不变的情况下，将它们各自的等比图形重叠，引导幼儿运用对该图形的基本属性特征的经验，在数清楚有明显特征的、完整呈现的图形的基础上，能够找到隐藏图形。

二、学情分析

找到显性图形对于大班幼儿来说并不困难，只要掌握基本的观察顺序，从上到下，从左到右，基本都能掌握不重复、不遗漏这一学习方法。本次活动的难点在于找到失去部分基本属性特征的隐藏图形。为了解决这一难点，活动从最简单的正方形入手，通过两个正方形的重叠、三个正方形重叠引导幼儿发现重叠背后图形的秘密。

为进一步提升幼儿的空间意识，本次活动会逐步过渡到比正方形更为多变的三角形。三角形的重叠也是从两个图形的重叠入手，当三个图形重叠时，三角形会呈现更为多元的样态、更多的隐藏图形。为了帮助幼儿更好地建立空间感，教师借助PPT课件，把重叠的三角形一个个分离出来，将看似平面的组合图形进行二维立体呈现，让幼儿直观地看到隐藏图形，帮助幼儿准确地找到图形的具体个数。

活动目标

1. 通过正方形、三角形及其不同的叠放方式，进一步加深对图形基本属性定义的理解。

2. 学习用分解的方法数出图形的个数，感知重叠图形的奇妙。

活动准备

1. 幼儿操作材料：正方形、三角形大小学具人手1份。
2. 教师操作材料：PPT课件。

活动过程

一、尝试正方形重叠摆放，初步感知隐形图形

（一）两个正方形重叠

1. 教师提问：小朋友们，这是什么？这里有几个正方形呢？这两个正方形有什么不一样？（大小不一样）

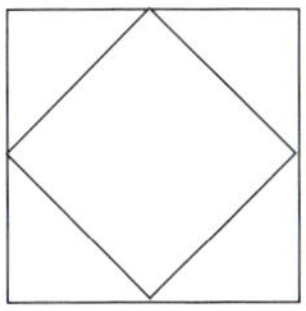

图1-12-1

2. 幼儿操作，变出三角形。

（1）今天这2个正方形要和我们小朋友一起做游戏，请你们把这2个正方形重叠起来，看能不能变出三角形？

（2）幼儿操作后，师生交流：你们变出了几个三角形？还有什么图形？正方形有几个？（4个三角形、2个正方形）

（二）三个正方形重叠

1. 再出示一个更小的正方形：这是什么？这个正方形更小了，你们能不能把这个正方形也重叠到里面去，看能不能变出更多的三角形？

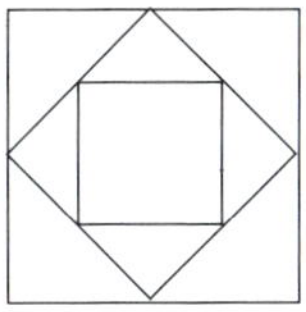

图1-12-2

2. 幼儿操作，师生交流。

（1）我们来数一数变出了几个三角形？几个正方形？

（2）小结：原来3个正方形重叠在一起，能变出8个三角形，而正方形的个数不变，还是3个。

设计意图

本环节采用实物正方形的操作，从2个到3个，在操作过程中感受到当一个正方形被另一个小于它的正方形重叠的时候，除了多出另一种图形之外，原有的图形并不消失，它只是被掩盖了一部分基本属性特征。此外在三角形个数的点数过程中，如出现漏数或重复数时，教师可引导幼儿讨论交流点数的方法，让幼儿有顺序地数数。

二、尝试三角形重叠摆放，进一步感知隐藏图形

1. 2个三角形重叠。

（1）三角形看到正方形玩得这么开心，它们也想来变一变。怎么样摆放能让它们变出更多的三角形?

（2）幼儿人手2个三角形进行操作后师生交流：变出了几个三角形呢?

（3）PPT课件验证：先将特征明显的4个小三角形分离出来，提问：再仔细看看还有没有？还有一个在哪里呢？对了，别忘了数外面这个大的三角形。

图1-12-3

设计意图

三角形的加入使活动更为有趣与多变。教师从2个三角形重叠入手，底部的大三角形被黄色三角形分割成了3个小三角形后，幼儿往往会忽略原有大三角形的存在，因为它已与幼儿原有对三角形的认知（由三条边和三个角组成的封闭图形）发生矛盾，教师借助PPT课件将其复原，可以使幼儿的大脑中产生立体空间的概念。

2. 3个三角形重叠。

（1）再加一个小三角形，看看能不能变出更多的三角形?

（2）幼儿操作、交流：变出几个三角形呢?

（3）PPT课件演示：分离中号三角形（4个）→ 二次分离包含绿色三角形的黄色三角形（4个）。

（4）提问：现在看看图上还有几个三角形?

（5）小结：原来3个三角形重叠后，橘色和黄色三角形都被分割成了3个三角形，共有6个三角形，再加上原来的3个三角形，一共是9个三角形。（这一环节，幼儿比较容易遗漏的是黄色大三角形，教师重点强调除了不能遗漏最外面的大三角形，还要看看里面有没有）

图1-12-4

设计意图

此环节在2个三角形重叠数图形的基础上，学习难度再次提升，将三角形个数增加到了3个之上。橘色大三角形被分割的数量不变，黄色三角形发生了变化。教师只需将重点放在黄色三角形的分解上，其经验就是上一环节（2个三角形重叠）的复制与运用。

3. 三角形的不同重叠摆放。

第一种：把小三角形放到了上面这个三角形里，现在我们再来数数变出了几个三角形？（9个）

PPT课件验证：分离中号三角形（4个）→二次分离包含绿色三角形的中号橘色三角形→数出总数。

图1-12-5

第二种：把小三角形放到了左边的三角形里，那现在变出了几个三角形呢？

第三种：把小三角形放到右边，那现在变出几个三角形？为什么你们觉得还是9个三角形？

图1-12-6

（备注：每一种组合方式的验证都采用PPT课件演示进行验证，演示方式同上，重点讲解橘色三角形的二次分解）

小结：原来将这个小三角形放到中间、上面、左边、右边，都能变出9个三角形。

设计意图

这个环节中，绿色小三角形的位置变换了3次，首次变换是在绿色三角形不发生自身变化的基础上，平移到上面，与橘色中号三角形重叠。后两次是绿色三角形自身旋转后的左右平移。这3次操作，引导幼儿运用一次分解、二次分解的方法数清楚三角形的数量，并且不遗漏被拆分的两个原有三角形，说出总数。

三、活动延伸

1. 教师出示一个长方形，采用加一条线的形式，请幼儿数出里面有哪些图形？各有多少个？并在写字板上写下来。（通过PPT课件一一验证）

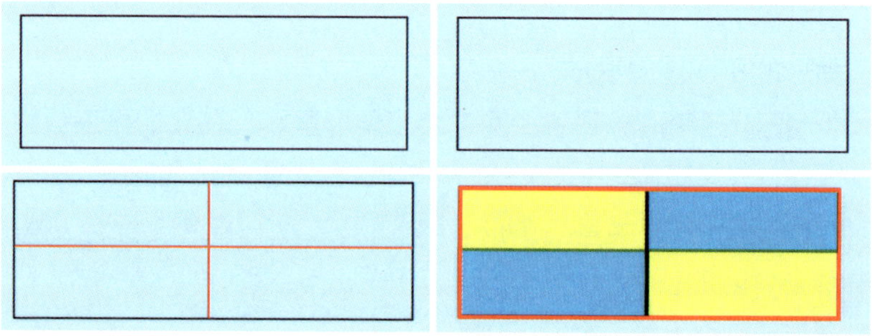

图1-12-7

2. 小结：原来只要在长方形上随意加条线，图形就会发生变化，小朋友们回去后可以在这个长方形上继续加线条，可以是横线、竖线，也可以是斜线，看看图形又会发生哪些变化；也可以在其他的图形上加线条试试。

设计意图

图形世界千变万化，需要幼儿投入更多的时间进行自由探索，因为幼儿对图形的感知能力不是教师教会的，而是在游戏中，与环境、同伴、教师的互动中，通过大量操作活动获得的。这一环节的设置目的在于为幼儿打开一扇窗，引导幼儿对图形世界产生浓厚的兴趣，建构新经验。

13 有趣的正方体

活动设计：余姚市星光实验幼儿园 苏宇霞

设计思路

一、教学分析

"认识正方体"这个学习内容是大班年龄段幼儿在认识简单的立体几何图形的要求中所包含的，在活动过程中需要引导幼儿进一步巩固正方形和正方体的认识，了解平面和立体的不同，并能说出正方体的名称，认识它的主要特征，如正方体有6个面，6个面一样大，且6个面都是正方形，把正方体的物品放在桌面上，不管怎么放都不会滚动。

数学活动中操作材料的选择是非常重要的。如何用简单易得的材料进行探究，获得显而易见的数学现象及能力，是教师所追求的。本次活动，教师从益智区选取魔方，从建构区选取大小不同的各种正方体积木，带领幼儿一起进入正方体的探究之旅。

二、学情分析

对于幼儿来说，每天都生活在各种有形物体之中，其实早就与各种事物的"体"打交道了，但是他们接触的那些"体"还没有脱离实物形态，还不是具有对实物抽象和概况意义的几何形体。大班幼儿的抽象思维虽然已经萌芽，但还是以形象思维为主导，平时的生活中接触正方体的物品只是给了幼儿一种直观的感觉。若幼儿从平面图形拓展到立体图形这个过程中没有进行自主式的探究、操作，他们对立体图形的掌握是有难度的。

基于这些特点，本次活动的基点定位在合作探究式的学习上，在探构中学习。第一个环节：认识正方体。从平面的正方形纸片出发，先让幼儿了解正方形的特征，接着从平面图形转换到立体图形的学习。第二个环节：寻找正方体。通过正方体大比拼的形式来展开，在一堆正方体和长方体的物体中寻找正方体，这里是重点所在，同时也是为第三个环节做准备。第三个环节：拼搭正方体。这个环节幼儿相互合作，用小正方体进行组合、拼搭，搭出更大的正方体，并尝试寻找到大小合适的正方形纸片进行验证，这个环节是本次活动的出彩点和难点，通过合作探究、共同交流讨论，让幼儿发现正方体不管大小怎么变化，其形状特点是不变的。

活动目标

1. 感知、了解正方体的基本特征，知道正方体是由6个大小一样的正方形围成的立体图形。

2. 学习观察、比较与合作，发展思维的灵活性，体验数学活动带来的乐趣。

活动准备

1. 幼儿操作材料：大小不同的正方形纸（正方形纸与正方体积木各面大小相同），笔，各种正方体、长方体的废旧纸盒，玩具，积木，大筐等。

2. 教师操作材料：大正方体（骰子）、PPT课件、实物投影仪。

活动过程

一、认识正方体

1. 出示正方形纸片。

引导语：今天老师给大家带来了一样东西，看看是什么？它是什么形状的？正方形有什么特征呢？

（1）交代任务：你们有什么办法证明它的四条边是一样长、四个角是一样大的？

（2）幼儿操作并交流发现（在实物投影仪上演示）。

图1-13-1

引导语：你们是用什么方法证明正方形的四条边是一样长、四个角是一样大的？

小结：原来我们可以用折一折、比一比、摆一摆、量一量的方式来证明正方形的四条边是一样长的、四个角是一样大的。

2. 出示正方体。

引导语：你们认识它吗？它是什么形状呢？有什么特征？

（1）幼儿操作、探究正方体。（用正方形纸片在提供的大小不一的正方体积木的每个面上贴一贴，并用数字记录有几个面）

图1-13-2

（2）幼儿操作并交流发现：分拆大正方体，在实物投影仪上比较每个面的大小。

引导语：你们发现了什么？你们用了几张正方形纸片？正方体由几个正方形的面组成？

小结：不同大小的正方体，它们都有相同的特征。每个正方体都是由6个一样大小的正方形的面组成的。

设计意图

此环节从平面的正方形纸片出发，先了解幼儿对正方形的已知经验。幼儿在之前的学习中，虽对正方形的特点能用语言表达：正方形有4条边、4条边一样长，正方形有4个角、4个角一样大。但如何证明4条边一样长、4个角一样大？这对于幼儿来讲是一个挑战，更是思维的进阶发展，所以此环节放慢脚步给幼儿一个证明的时间。接着请幼儿自主地用一样大小的正方形纸片在正方体的每一个面上粘贴、编号，从而发现一个正方体由6个一样大小的正方形围成，并展开正方体，在数一数、比一比等探究活动中了解正方体的基本特征。帮助幼儿从平面图形转换到立体图形的学习，即认识正方体。

二、寻找正方体

1.“正方体大比拼”第一关。

引导语：接下来我们要进行“正方体大比拼”了。请每个小朋友根据刚才研究出来的正方体的特征到自己队里找一个正方体回来放在盘子里。（四组对应不同大小、不同材质的正方体）

（1）幼儿在教师提供的材料中，每人寻找一个正方体。

（2）检查验证。师：我看到有的小朋友拿了正方体，有的拿了长方体，我把它们放在一起看看，你们觉得它们都是正方体吗？为什么？

（3）聚焦长方体，PPT课件展示验证。

（4）根据每组幼儿的表现情况进行奖励。

2.“正方体大比拼”第二关。

引导语：请小朋友们把不是正方体的东西放在大箩筐里，然后把是正方体的东西放进盘子里（上一环节中的材料再次利用）。

（1）幼儿操作并交流发现。

（2）教师检查，给予奖励。

图1-13-3

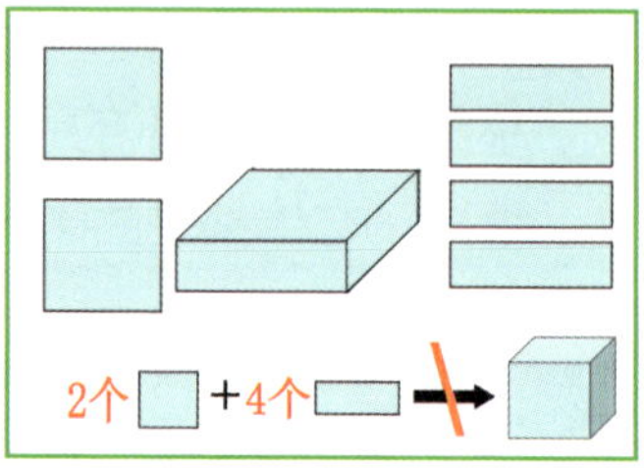

图1-13-4

设计意图

为了让活动的趣味性、挑战性更强，活动采用了“正方体大比拼”的形式来展开，分为红、黄、蓝、绿四个队。第一关，每人寻找一个正方体，相互检查验证；若有找错的，用比较、拆分的方式解决（结合PPT课件演示）。第二关，把不是正方体的放在大箩筐，是正方体的放进盘子里，这既是再一次寻找正方体，也是为后面的拼搭环节做准备。

三、拼搭正方体

引导语：接下来，每个小组要合作拼搭正方体，用一个个小正方体进行组合、拼搭，拼出一个大的正方体。拼搭时请注意，虽然正方体变大了，但正方体的特征会变吗？拼完后，请你们从这些大小不同的正方形中找到大小合适的正方形，在你们拼出的正方体的每一个面上摆一摆，看看每个面是不是一样大小的正方形。

1.“正方体大比拼”第三关。

（1）小组合作，拼出大正方体。

幼儿交流、验证。师：成功了吗？你们拼出的大正方体的每一个面都是一样大小的正方形吗？这个大正方体用了几个小正方体？（请幼儿在投影仪上操作、验证）

（2）教师奖励得分。

2. 分组再次合作，拼出更大的正方体。

引导语：请幼儿继续分组合作，拼搭更大的正方体（可以根据上一轮的情况继续变大）。

（1）幼儿交流、验证。

（2）教师奖励得分。

设计意图

此环节中的“正方体大比拼”第三关，教师引导幼儿相互合作，进行组合、拼搭，搭出大正方体。这里主要是用验证时的纸片来给幼儿作为拼搭正方体的支架。接下来让幼儿拼出更大的正方体。每当拼搭成功，就请他们拿到实物投影仪上来展示，这既是再一次的验证，也是对他们成功感的一种满足。

14 我和积木做游戏

活动设计：余姚市四明幼儿园　潘姝敏

设计思路

一、教学分析

空间方位的认识与辨别和幼儿的日常生活有着密切的联系。《学前儿童数学学习与发展核心经验》一书中指出，空间包括物体在空间中的移位、反转、旋转变化。而建构区的积木是幼儿最喜爱的玩具，其中大小相同的一堆正方体积木中更蕴藏着许多值得被挖掘和利用的教育资源。小小的正方体可以通过叠放变幻出各种形体，各个立面也会呈现不同的几何图形。这正符合空间方位数学核心经验中的视觉图像的理解和想象，教师可以通过活动扩展幼儿空间方位概念的学习，帮助幼儿在头脑中建立空间视觉图像。

二、学情分析

大班幼儿已经初步认识正方体，了解正方体是由6个正方形的面围成的。日常建构游戏中也时常听到同伴间聊到同一个形状的积木搭在一起会变出新的形状。由此可以看出，他们的视觉图像感知和空间表征能力正在随着年龄的增长不断发展。

本次活动通过简单易得的正方体积木，以“捉迷藏”游戏贯穿活动始终，让幼儿理解并进行空间推理。第一个环节：说一说，认一认。带领幼儿对正方体进行简单回顾，为下一环节做铺垫。第二个环节：找一找，数一数。从集体、小组、个人三个游戏逐层深入，发展空间知觉能力。第三个环节：想一想，比一比。通过对前两个环节信息的巩固和提升，以竞赛的形式引发幼儿持续探索的兴趣。

活动目标

1. 感知“面”与“体”，初步理解立体空间方位。
2. 学习多角度思考问题，发展空间知觉能力。

3. 感知积木的多样玩法，体验游戏的快乐。

活动准备

1. 幼儿操作材料：转盘1个、红绿积木若干、题板人手1块、记录图。
2. 教师操作材料：PPT课件。

活动过程

一、说一说，认一认

出示正方体积木，了解正方体有6个面。

引导语：小朋友们，你们都搭过积木吧，今天我们就和积木一起来做游戏。先来瞧瞧这些都是什么形状的积木？（正方体）

提示：若有小朋友认为是正方形，可加入以下提问：是正方形？（出示正方形）看一看，现在你们还觉得它是正方形吗？它的名字和正方形很接近，因为是立体的，所以它叫正方体。

重点引导：让幼儿自己发现正方体有6个面，每个面都是一样大小的正方形。

设计意图

此环节选取了区域活动中最常见的正方体积木，通过谈话的方式在轻松的氛围中让幼儿回顾正方体的基本特征，为下一个环节做好铺垫。当有幼儿将平面图形和立体图形混淆时，教师要及时拿出正方形，以便幼儿正确辨别。

二、找一找、数一数

1. 找一找，了解正方体放置在地上看到的“面”的数量。

（1）老师把红色的正方体积木放在转盘上，这下它露出了几个面呀？

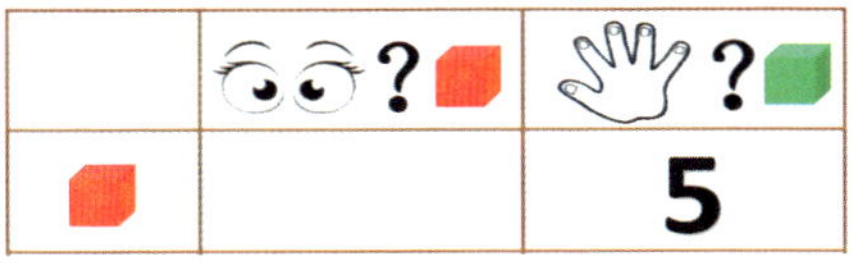

图1-14-1

（2）刚才数了是6个面，现在怎么只露出了5个面呢？还有1个面到哪里去了？（这一面被挡住了）

小结：原来当红积木放在转盘上时我们可以看到露在外面的5个面。

2. 数一数，要把红色正方体藏起来需要几个正方体。

（1）藏1块正方体。

引导语：红积木要玩捉迷藏的游戏，它请来了绿积木帮忙，谁能用最少的绿积木把它藏起来呢？一定要用最少的绿积木哦！

	?	?
	5	5

图1-14-2

①请个别幼儿上前操作（操作完后全体幼儿检验）。

②师：用了几块绿积木帮助红积木躲起来了？（操作板上书写5）

（2）藏2块正方体。

引导语：又有1块红积木要和我们一起做游戏，它们两个好朋友手拉手。这一次绿积木能让它们躲起来吗？小朋友们3人一组去试一试，你们用了什么方法？数一数用了几块绿积木让它们躲起来了？

①幼儿3人一组操作。

②交流讨论。师：你们成功了吗？谁愿意代表你们小组来和我们分享一下游戏结果？你们是怎么让红积木躲起来的？

小结：原来，横放的时候露出了8个面，所以需要有8块绿积木帮忙让它们藏起来。而竖放的时候红积木露出了9个面，所以需要9块绿积木帮忙让它们藏起来。

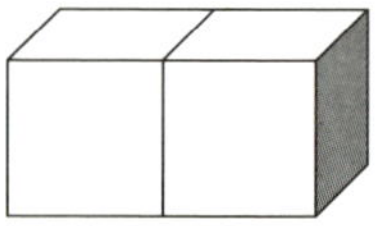

图1-14-3

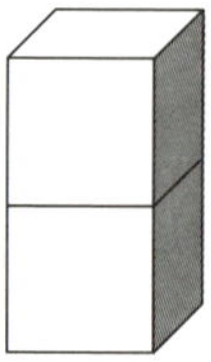

图1-14-4

	?	?
	5	5
	8	8
	9	9

图1-14-5

（3）藏3块正方体。

引导语：捉迷藏的游戏真好玩呀！又有1块红积木跑来想和我们一起玩捉迷藏的游戏，如果只有11块绿积木我们应该怎么藏，怎样才能把3块红积木都藏进去呢？

师：老师给你们每个人都准备了一份游戏材料，大家根据自己的胸牌颜色找到相应的位置和红绿积木一起去玩一玩，在玩之前请你们把大积木放回到筐里。

①幼儿人手一份操作。

②交流讨论。师：你们都成功了吗？谁愿意来和大家分享一下，你的红积木是怎么躲起来的？成功了吗？

小结：当出现同样一块积木遮住两个面时，因为遮住的面不一样，所以它们需要的绿积木数量也会不一样。

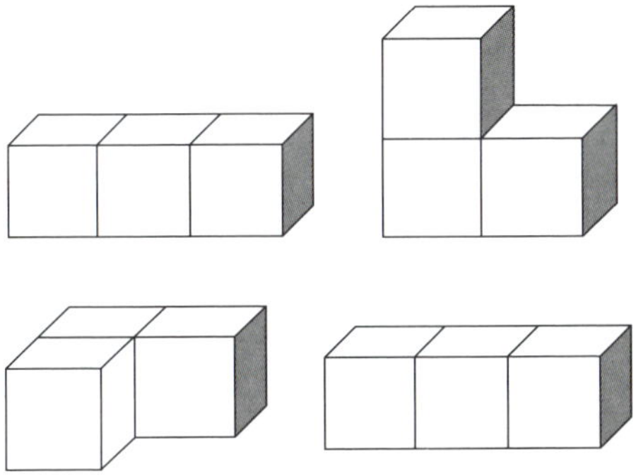

图1-14-6

	?	?
	5	5
	8	8
	9	9
	11	11
	12	11
	11	10

图1-14-7

设计意图

此环节中，幼儿在与积木捉迷藏的过程中将“面和体”这一抽象的概念化为具象。幼儿的任务是藏2块红积木，通过横放的、竖放的不同藏法的呈现，孩子们收获了两个概念：露出几个面就需几块积木去遮挡；理解为何相同数量的积木却需要不同数量的积木来遮挡。在藏3块积木时，只运用已有的露出几个面就用几块积木去遮挡这个经验是远远不够的，需要幼儿再次去发现同样露出11个面遮挡的积木数量却不同，从而发现有的积木能够一下子遮住2个面，这又是一个新的挑战。通过一次次有目的的游戏，使幼儿不断地巩固、内化、运用经验。

三、想一想、比一比

1. 交代闯关游戏规则。

（1）这次我们要来进行有趣的闯关游戏。看看自己的胸牌，红队在哪里？绿队？黄队呢？

（2）首先从椅子背后拿出答题板和记录笔，准备好了吗？

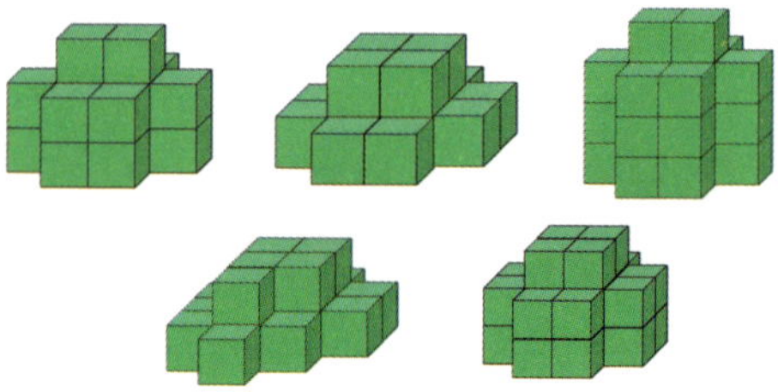

图1-14-8

（3）请看大屏幕：请你们想一想绿积木里面最多藏了几块红积木？想好了把答案写在答题板上（根据幼儿的答题情况加分）。每一次加分前先问问幼儿为什么？真的是这样吗？（验证）

2. 打开PPT课件，记录藏起来的红积木数量。

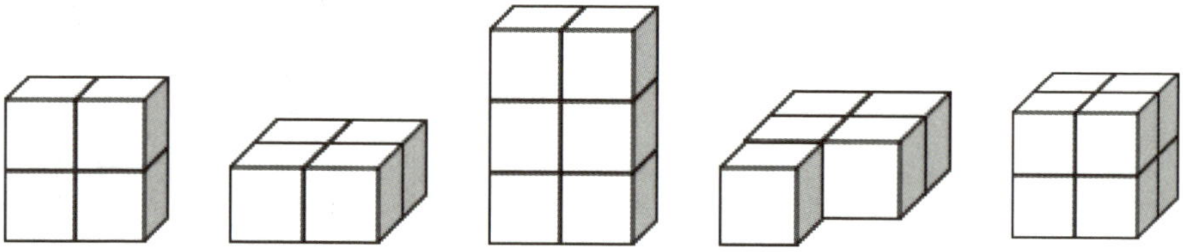

图1-14-9

3. 统计比赛结果。

设计意图

将三维空间视觉转向二维对幼儿来说是一个挑战，也是本次活动的难点所在。通过PPT课件中的图形，幼儿要借助头脑中的空间视觉作出判断与反应，在此教师借助PPT课件将答案通过动画再现，帮助幼儿理解，闯关游戏也由易到难，逐步推进。

15 图形组合

活动设计：余姚市四明幼儿园　潘姝敏

设计思路

一、教学分析

在我们的日常生活中随处可见各种各样的图形，从小班的平面图形到大班的立体图形，可以说孩子们对图形有着极大的兴趣，“数与形”是学前阶段数学学习的重点。在数学核心经验中既包含对形状的整体认知和命名，又包括图形的分解、组合、变换、等分等。等腰直角三角形是一个特殊的三角形，可以拼搭、分解出多种图形，如1个等腰三角形能分解成多个三角形；2个等腰三角形能拼搭成正方形、三角形、平行四边形；4个等腰三角形能拼搭成正方形、三角形、梯形、平行四边形。这正好符合幼儿数学核心经验中图形变换的基本方式——移动、翻转、旋转和组合等。

二、学情分析

大班幼儿已经能够理解平面图形的典型特征，在头脑中也会呈现这些图形的“标准样式”，但对于图形的变换，还涉及幼儿对视觉图像的理解和想象，我们要鼓励幼儿仔细观察，并思考、推理图形的部分和整体的关系。本活动力图通过以下三大环节，让幼儿体会图形的转换，感受图形拼搭所带来的成功感。第一个环节：感知图形分解，通过折一折、剪一剪发现一个三角形能分解成两个甚至更多图形。第二个环节：感知图形组合，在翻转组合中体验图形的变化。第三个环节：巩固图形组合，将不规则图形通过移动翻转其中一块变出新的规则图形。

活动目标

1. 通过转一转、移一移、拼一拼的方式，感受图形的分解和组合。
2. 巩固对常见平面图形的认识，初步体验平面图形之间的关系。

活动准备

1. 幼儿操作材料：人手1份三角形操作板（4块）。
2. 教师操作材料：PPT课件，教师演示表格。

活动过程

一、感知图形分解

引导语：小朋友们，快看！今天我给你们带来了什么？（教师出示1个等腰直角三角形）请想一想，有什么方法可以把它变成两个大小一样的小三角形呢？

1. 根据幼儿的回答教师操作演示。

2. 交流小结：原来1个大三角形，通过折一折、剪一剪的方式可以把它变成2个大小一样的小三角形。

设计意图

在日常生活中图形的组合比较多，在这一环节中通过折一折、剪一剪的方式，简单地将1个大等腰直角三角形变成2个大小一样的小三角形，目的是让幼儿感知整个折、剪的过程，让幼儿明白图形的分解，为下面图形的组合学习奠定基础。

二、感知图形组合

（一）2个图形的组合

引导语：如果让你们把这2个小三角形再拼成原来的大三角形可以吗？（此环节提供给每个幼儿2片磁性等腰直角三角形，幼儿完成后可举起来展示）

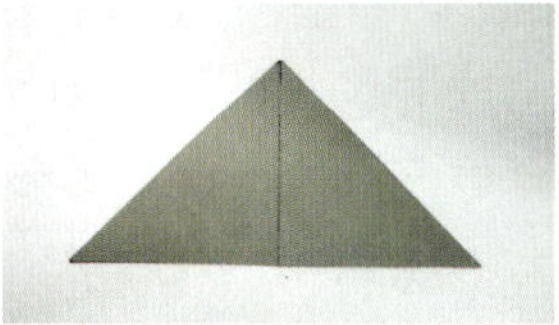

图1-15-1

1. 幼儿操作，教师提问：你用什么方法把2个小三角形拼成了1个大三角形？短边对短边的方法还能变出其他图形吗？（幼儿尝试拼平行四边形，举牌）长边对长边呢？（正方形，举牌）

图1-15-2

2. 出示图形：根据幼儿的回答逐一出示图形：

图1-15-3

①平行四边形；②三角形；③正方形。

小结：原来2个相同的三角形，它们的角对角、两条相同长度边碰边就能够组合成新的规则图形。

（二）4个图形的组合

1. 教师提问，幼儿操作。

（1）根据指令，每名幼儿用2个三角形拼成1个正方形；两个人合作，用2个正方形拼在一起能拼出什么形状？（长方形）

（2）根据指令，每名幼儿用短边对短边拼成1个三角形。同样，两个人合作，能拼成什么图形？（大三角形、正方形、平行四边形）

（3）给每个幼儿2个三角形，让幼儿根据老师的要求拼出新的图形。（每人4个磁性三角形）

图1-15-4

- 用2个三角形长边对长边拼出正方形，然后再加2个三角形把它变成长方形。（幼儿操作）
- 短边对短边拼成三角形，再加2个拼成平行四边形。（幼儿操作）
- 用4块三角形分别拼成梯形、大三角形、正方形、平行四边形（幼儿操作）。

2. 语言描述拼图：PPT课件出示长边对长边的正方形，剩余2个怎么拼能拼出梯形、平行四边形和长方形？

小结：小朋友们不仅会拼还能用语言准确地表达出来，真棒！图形组合的游戏真好玩！

设计意图

这一环节中教师通过幼儿实际操作做出规范的总结，归纳出幼儿拼搭图形的不同方法，同时鼓励幼儿在拼搭的过程中通过旋转手中的三角形进行拼搭，形成新的图形，不断巩固幼儿对图形特征的认识。幼儿在一次次成功的体验中激发再次探索的兴趣。

三、巩固图形组合

引导语：小朋友们学会了各种图形的拼搭，现在老师要来考考你们。

1. 将不规则图形转换成规则图形（出示火箭形）。

2. 移动1个三角形拼出规则图形（三角形上标注1，2，3，4）。

（1）移动1个三角形变成正方形，应该移动几号三角形？怎么移动？

（2）移动1个三角形变成长方形，应该移动几号三角形？怎么移动？

（3）移动1个三角形变成梯形、平行四边形。

图1-15-5

设计意图

同样是图形的组合，这一环节是上一环节的巩固提升，教师的要求从随意拼搭到只能移动1个三角形拼出规则图形。这就要求幼儿先在大脑中形成一个规则图形，再观察已有的图形移动哪个最简便。同时用竞赛的形式开展活动，不仅可以提高幼儿的积极性，还能加快速度，这对幼儿来说也是一种新的挑战。

16 汪汪队巡逻记

活动设计：余姚市兰江街道中心幼儿园浙东实验分园　蔡燕妮

设计思路

一、教学分析

日常生活中，图形无处不在，幼儿时常与之发生互动并生发探索行为。除了对于图形基本特点的认知以外，当图形出现组合、平移、旋转、翻转等现象后，幼儿能否进行准确的辨析？《3~6岁儿童学习与发展指南》指出，5~6岁的幼儿“能用常见的几何形体有创意地拼搭和画出物体的造型”，这是该年龄阶段幼儿应达到的能力目标。本次活动通过幼儿对图形的拼贴操作，从中感知平移、翻转、旋转等一系列动作过程中改变方位不影响图形的变化，仍然还是同一种图形的原理；同时，多样化的图形拼贴组合可以发展幼儿的观察能力，在填补图形的同时，依托不同数量的方块组合和不同形状的图形指向，发展幼儿的空间想象力及估算能力，在多次的操作中进行验证，感受思维挑战的乐趣。

二、学情分析

大班幼儿通常对于益智玩具“俄罗斯方块”比较感兴趣，幼儿通过各种组合完成任务，其中会运用到平移和旋转图形的方法，为了进一步提升幼儿对视觉图像、空间概念的理解和想象，教师借助时下深受幼儿喜爱的动画形象“汪汪队”，设计了“汪汪队巡逻记”的游戏背景，增强活动的体验感和任务性，期望在生动的游戏情境中，让幼儿思考、探索、合作，通过移动、旋转、翻转等方法来组合各种图形，完成一次次逐渐提升难度的挑战，感受、发现图形组合变化的秘密和乐趣，提升数学能力。

活动目标

1. 感知不同形状图形的组合以及图形空间移动的不同方式。

2. 能用多种方式进行图形填补，发展观察力和空间想象力，以及能够进行简单的运算。

3. 乐于参与活动，感受思维挑战的乐趣。

活动准备

1. 幼儿操作材料：展示板、巡逻区域图、记录笔。

2. 教师操作材料：PPT课件。

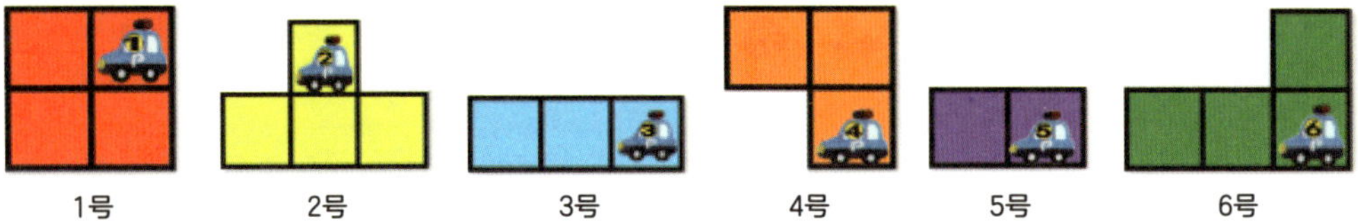

图1-16-1

活动过程

一、游戏情境导入，激发幼儿兴趣

1. 出示汪汪队图片。

2. 介绍游戏背景。师：莱德队长拯救了这些小狗之后将他们训练成了一支本领高强的狗狗巡逻队，为了方便巡逻，莱德队长还给每一只狗狗安排了巡逻区。

3. 了解“巡逻区”数字代表巡逻队员的编号。师：每位队员都有自己的巡逻区。小朋友们注意观察共有几块巡逻区，每个巡逻区有什么不一样的地方？

设计意图

此环节借助游戏的情境导入，依托汪汪队巡逻的游戏情节，激发幼儿的活动兴趣，在熟悉汪汪队角色的同时，初步辨认不同的巡逻区域，感知图形颜色、形状的不同，为后续的空白格图形填充做铺垫。

二、观察图形，尝试进行空间方位移动

1. 播放PPT课件：出示小区地形图。

引导语：他们第一天来到了A小区，灰色的地方表示小区的楼房，白色的地方是需要巡逻的公共活动区。

（1）该派谁去巡逻A小区，为什么？（形状一样，都有一个突出的地方）

（2）为什么不用4号和2号？（方块数量一样，才能确保巡逻安全）

小结：平移过来看看是不是真的一样，6号的巡逻区和白色区域重合了，6号队员灰灰正好可以巡逻到整个小区，原来需要图形的形状和数量都匹配，才能保证小区的安全。

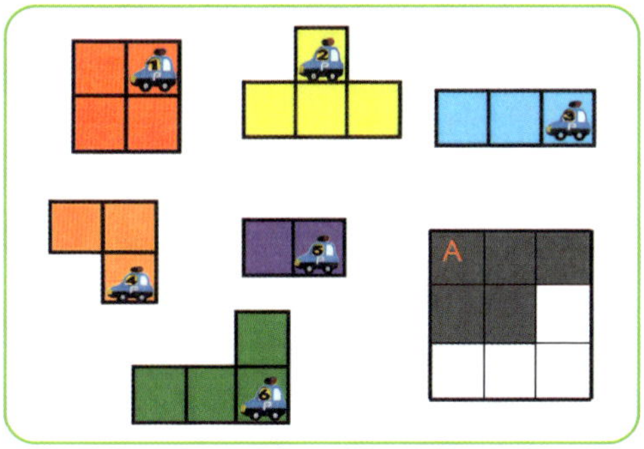

图1-16-2

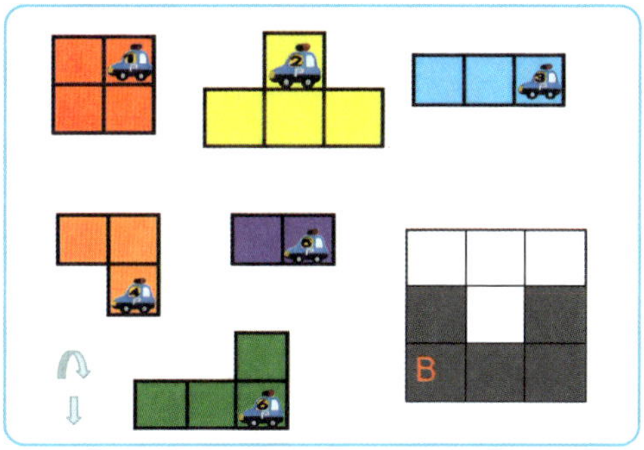

图1-16-3

2. 了解旋转平移方法。

引导语：第二天，他们来到了B小区，这次派谁巡逻最合适？

（1）为什么是2号，你们是怎么思考的？（形状、数量）

（2）平移后下面突出的这块变成了盲区，很危险怎么办？

小结：小丽把2号旋转后，可以把B小区全部巡逻到，保证了小区的安全。

3. 了解翻转平移方法。

引导语：第三天，他们来到了C小区，C小区和其他小区有什么不一样吗？（只有两栋楼房，需要巡逻的地方很大，应该怎么办呢，要用到两个队员了）

（1）教师出示巡逻车安排表，介绍记录的方法。

师：需要巡逻的方格有几块？一个图形巡逻够吗？你猜测哪几号巡逻区的组合是7块？

幼儿猜测并记录，交流分享猜测的图形数量组合（1号+2号，1号+3号，

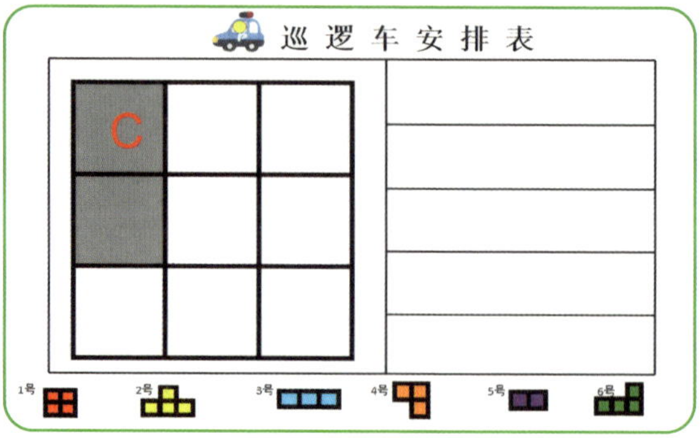

图1-16-4

2号+3号，2号+4号，4号+6号）

师：莱德队长给你们准备了巡逻安排表，左边是C小区的地形图，根据你们的猜测，可以用队员们的巡逻区域图在上边摆一摆，看一看哪两个队员组合可以把C小区全部巡逻到，验证你们的操作，时间3分钟，3分钟后看看小朋友们能想出多少种办法。

（2）幼儿操作并记录巡逻车的安排方法。

（3）幼儿互相交流结果。

小结：根据图形和数量的组合配对能得出很多种方法，同样的图形经过不同的组合也会产生不一样的方法。

设计意图

此环节为主要的操练环节，了解游戏任务之后，通过一种图形的填充来提升幼儿的空间方位思维，在前期的预测中，注重引导幼儿描述为什么选择这一种图形，分析图形的形状、方块数量、移动方式（旋转、翻转、平移）等，让幼儿知道在图形填充的过程中可通过数量来进行预判，还可根据形状来进一步明确。让幼儿在进行图形填充的同时做多维度的思考和参照，为后续两种图形的填充奠定思路，形成新经验；在两种图形的组合填充环节，为了进一步支持幼儿应用新经验，在指向性提问中“需要巡逻的方格有几块？一个图形巡逻够吗？”启发幼儿思维拓展，幼儿通过简单的运算预判图形的组合，在猜测分享中，幼儿重点描述猜测的理由，明确图形数量匹配的要点，在3分钟时间的验证过程中，每名幼儿通过自主操作，验证先前的猜测，教师可与幼儿共同梳理同样的图形经过不同的组合拼摆也能得出不一样的图形，激发幼儿运用多种方式去拼摆，应用图形变化的技巧。

三、多图组合，尝试进行组合填补

引导语：第四天，这是什么小区，需要巡逻的公共活动区变成几格了？

D

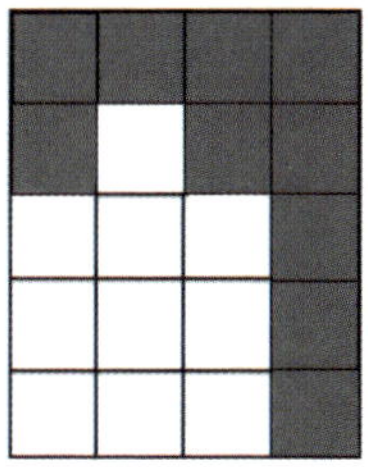

图1-16-5

（1）教师出示巡逻车安排表，幼儿预测（根据数量）。

师：哪几号巡逻区的组合适合D小区？

（2）幼儿操作并验证预测的巡逻车的安排方法。

师：时间变成了5分钟，看看哪种组合是既符合数量也满足形状的，请记录下来。

（3）幼儿互相交流结果，得出数量相同且图形组合不同的多种方法。

设计意图

此环节为了提升幼儿的操练能力，提供了空白方格更多的地形图，通过观察空白方格的数量变化，在简单的运算中预判需要的图形组合（三种图形），并将结果记录下来，在分享中得出图形的数量组合需要11个方格。为了帮助幼儿得出更多更加精确的组合方法，在5分钟时间验证操作环节，根据自己的预测进行筛选、排除、确认，从而得出既满足数量也符合形状覆盖游戏规则的图形组合方法，在交流结果的同时，进一步辨析同种图形的多种组合方法，通过以上环节，突破活动重难点，发展幼儿的观察能力和空间想象力以及简单的数运算能力。

17 小猪造新房

活动设计：余姚市实验幼儿园教育集团　应　瑛　郑敏敏

设计思路

一、教学分析

著名儿童心理学家皮亚杰认为，儿童思维在从前运算阶段发展到具体运算阶段的过程中，守恒观念的建立具有十分重要的意义，其范围较广，包括数的守恒、长度守恒、液体守恒、面积守恒、容积守恒等。在幼儿生活中，守恒现象显得较为陌生，为了提升幼儿对数学活动的探究兴趣，本活动以小猪家的墙砖为切入点，将面积守恒内容以游戏的形式层层递进、系统深入地渗透在活动中，让幼儿在情景中学习，在探索中学习，在动手操作中愉快地感知守恒，知道图形的形状变化与面积的守恒关系，对守恒有初步的概念。

二、学情分析

大班幼儿虽然能够在感知事物的基础上自己整理、加工已有的知识经验，发现浅显的规律，但由于守恒现象在幼儿日常生活中较少出现，加之幼儿还是以具体形象思维为主，观察力、思维判断力尚在发展，往往在理解与比较中容易受到外在形式、视觉判断等方面的干扰，而不能深入地感知到事物面积的守恒，因此我们以系统性、情境性的活动和大班幼儿一起展开对守恒的探索。

活动目标

1. 能运用多种感官，动手动脑，初步感知和探究面积守恒的问题。
2. 学习从多个角度思考问题、解决问题，能大胆表达自己的发现。

活动准备

1. 幼儿操作材料：小正方形4个、大正方形1个、大长方形1个、十六宫格图纸；每个小组1份“墙面”。

2. 教师操作材料：PPT课件。

活动过程

一、“造新房”引题

1. 出示PPT课件（小猪和新房）。小猪造了一间新房，屋顶已经盖好了，可是房子的墙面还没完成，接下来就要铺墙砖了，我们一起来看看吧！

图1-17-1

2. 出示2块形状大小一样的墙砖，提问：小猪买来了许多墙砖，它们是什么形状的？它们的面积一样大吗？（一样大，教师将2块墙砖重叠）

设计意图

此环节创设了小猪造新房的情境，充满童趣，并且将这一情境贯串整个活动，为幼儿提供了宽松又有趣的学习氛围。出示本活动中的重要操作材料“正方形墙砖”，以问题“它们的面积一样大吗?”引发幼儿思考与探索，通过比较知道墙砖是一样大的，以此作为活动中操作探究的参照对比物。

二、“铺墙砖”，初识面积守恒

1. 出示正方形墙面和长方形墙面。小猪设计了两面墙，这两面墙是什么形状的？它们的面积一样大吗？

2. 幼儿独立操作。请大家拿好墙砖分别去铺一铺这两面墙，看看它们到底需要几块墙砖，再思考一下它们的面积是不是一样大。（幼儿操作，用4块小正方形分别铺到两面墙上）

图1-17-2

3. 交流验证。两个墙面都一样大吗？你们是怎么知道的？我们来看大屏幕（PPT演示铺墙砖）。

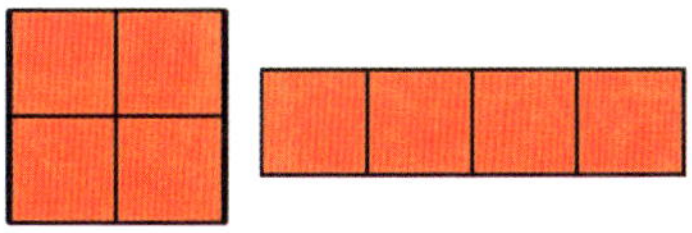

图1-17-3

小结：虽然两面墙的形状不一样，但是它

们用的墙砖数量都是4块，所以这两面墙的面积是一样的。

4. 小组探索操作

（1）教师提问：小猪为墙面设计了不同的图案，你们看，这些图案是什么样的？它们的面积一样大吗？我们可以怎么做？

（2）想一想，做一做：幼儿以小组为单位，分别用手中的墙砖去拼一拼各种图形（把墙面旋转一下，每个图形都去拼一拼）。

小结：虽然这些图形的形状是不一样的，但是它们用的也是4块墙砖，所以它们的面积也是一样大的。

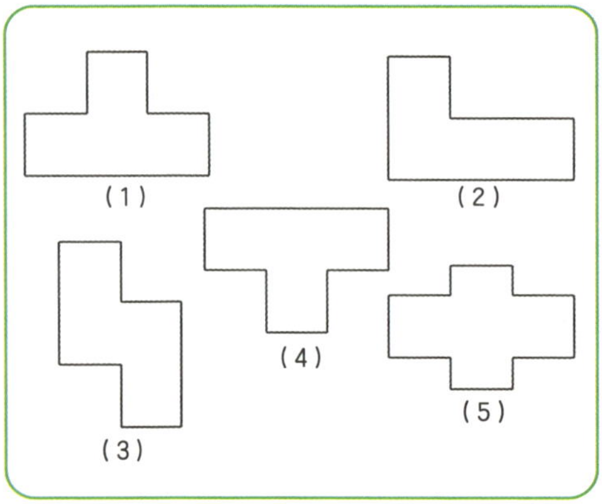

图1-17-4

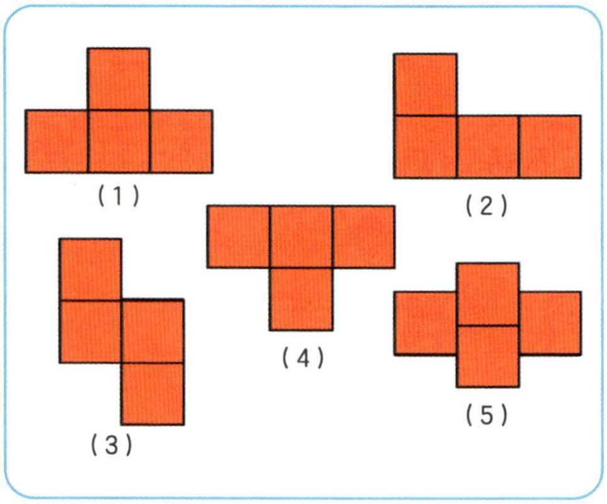

图1-17-5

设计意图

本活动围绕小动物铺墙砖这一情境展开，让幼儿围绕问题情境：它们的面积一样大吗？为幼儿安排了独立、小组等形式的操作环节。首先出示一面正方形的墙面和一面长方形的墙面，让幼儿猜测这两个墙面一样大吗？带着这样的疑问请幼儿将一样大的正方形小墙砖分别铺到两个墙面上，然后请幼儿说说发现了什么。在想一想、做一做的环节中，使幼儿感知到虽然两面墙的形状不一样，但是它们用的墙砖数量都是4块，所以它们的面积一样大。在此基础上，引导幼儿用同样的方法铺不同的图案，通过他们的再次尝试，让幼儿在动手操作中逐步建构守恒原理：原来4块相同的正方形拼成的图形无论如何变化，它们的面积都是一样的。

三、“数墙砖”，再探面积守恒

（一）借助十六宫格，用图形组合学习比较

1. 教师提问，幼儿操作：老师也设计了两种墙砖图案，请你们看一看，是什么形状的？（房子形状和鱼形状）你们觉得这两个图案的面积会是一样大吗？为什么呢？（幼儿以小组为单位，把这两个图形放置在十六宫格中进行探究）

2. PPT验证：你们发现了什么？这两个图形的面积是一样大小的吗？老师已经把房子和鱼放进了十六宫格里，你们数一数这些图形是几个正方形和几个三角形组成的？

3. 图形组合：把2个三角形移出来，发现2个三角形也能合成一个正方形，原来房子形状的一共用了5个正方形。那我们来看看小鱼呢，小鱼形状的这个图案一共用了几个正方形？

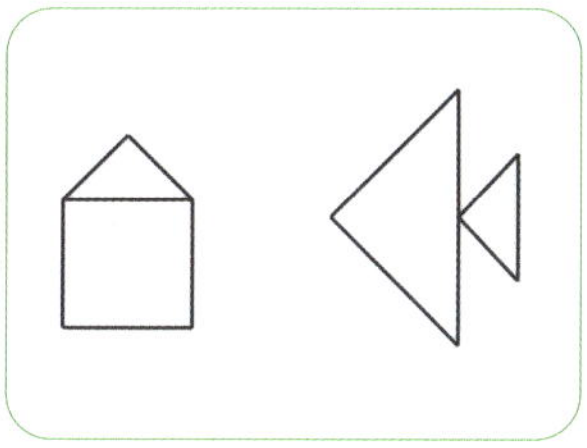

图1-17-6

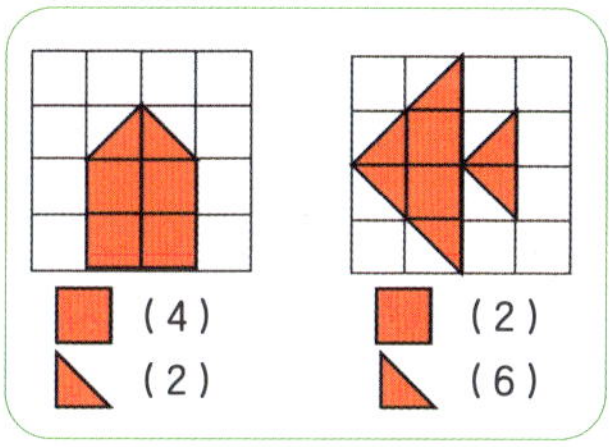

图1-17-7

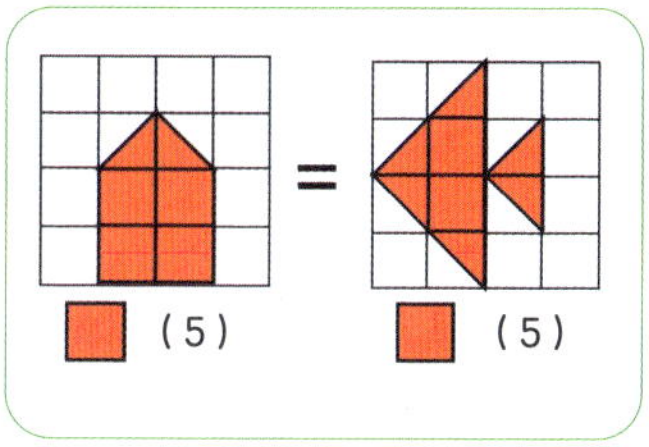

图1-17-8

4. 教师小结：这两个看起来完全不同的图案，它们用的正方形数量都是5块，所以它们的面积也是一样大的。

设计意图

此环节是本次活动的重难点环节，运用十六宫格让幼儿数一数、辨一辩，进一步感知图形形状变化而面积不变的原理。PPT课件在此次活动中起着至关重要的作用，从问题的引出到答案的验证都运用到了PPT课件。特别是在辨别房子与鱼这两个图案面积的时候，幼儿已经数出了十六宫格里所占的图形数量，但让他们判断面积大小还是有很大的难度，因此教师通过PPT课件的演示，形象地展示出原来2个三角形能组合成一个正方形，于是幼儿很快就能判断出它们的面积也是一样大的。PPT课件的运用也将抽象的守恒概念直观形象地演示出来，使幼儿更好地理解守恒，突破活动的难点。

（二）迁移类推，巩固学习

引导语：接下来进入抢答环节，请你们看看小猪接下来设计的墙砖面积一样大吗？

1. 出示风车和飞镖，这两个图形的面积一样大吗？

（4个正方形、4个三角形组合后是6个正方形，分解后的12个三角形可以一题多解，解除幼儿的思维定势）

2. 出示手帕和火箭，这两个图形的面积一样大吗？有几种方法可以确定它们的面积是一样大的？

3. 小猪还设计了两个更复杂的图案，请大家仔细观察后再说出答案，它们的面积是不是一样大？为什么？

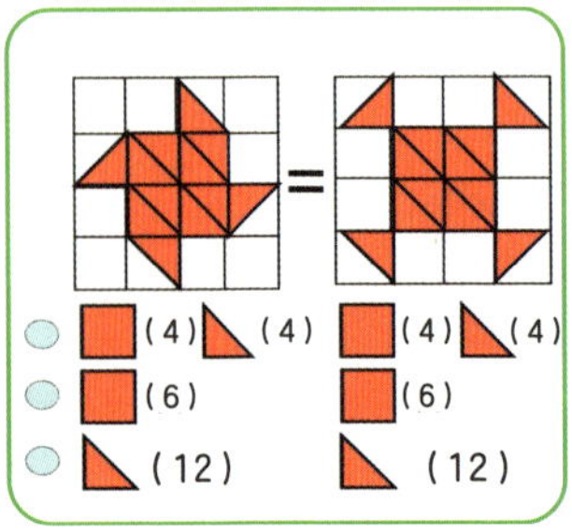

图1-17-9

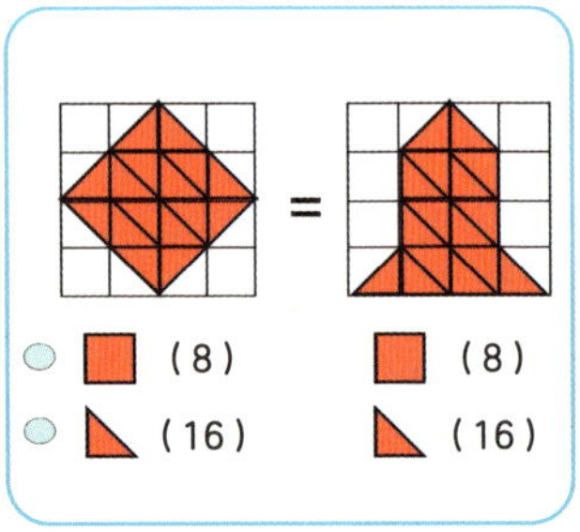

图1-17-10

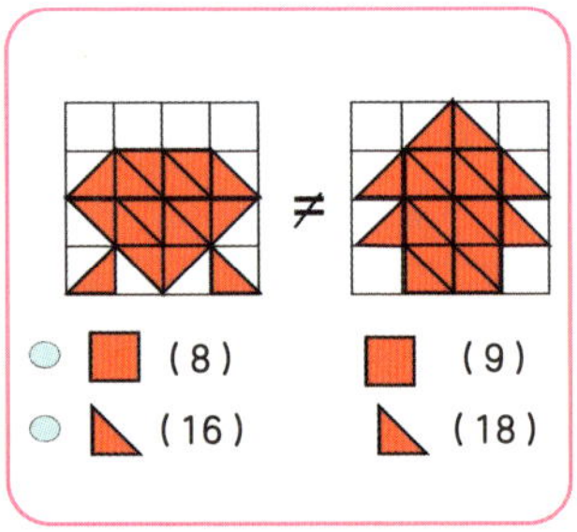

图1-17-11

设计意图

通过活动中的操作过程，让幼儿动手操作，亲自尝试，在与材料相互作用的过程中感知图形形状变化而面积不变的原理。如何让幼儿运用同一种方式去判断相似图形的面积是否一样大，这个环节的难度较之前几个环节有了较大的提升，也提升了幼儿的探究兴趣，达到在玩中学的目的，变被动为主动，这样既能够让幼儿对守恒的概念得到巩固和深化，也能够让幼儿的分析、判断能力得到提高。

四、由“新图案”引导幼儿后续探究

小猪还设计了两个更复杂的图案。这两块图案的面积一样大吗？除了观察红色的部分，还有其他方法吗？

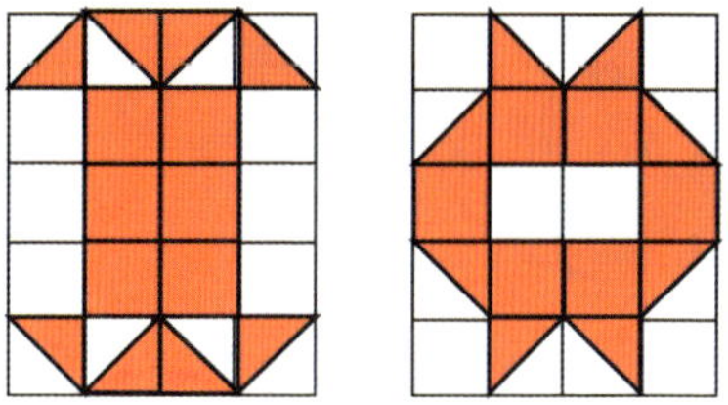

图1-17-12

设计意图

本环节“除了看红色的部分，还有其他方法吗？”这一提问打破了幼儿在这个活动中的固有思维，树立“解决问题不是只有一种途径，而是有多种解题方法”的意识，为幼儿更加灵活地学习数学打下坚实的基础。

18 认识时钟

活动设计：余姚市阳明街道中心幼儿园　郑敏敏

设计思路

一、教学分析

时钟是幼儿日常较为熟悉的，而且与幼儿的一日活动紧密相连。大班的幼儿对看时间很感兴趣，经常会跑来告诉老师“现在是几点了，我们要上课了，可以分碗筷了”等。让幼儿学会看时钟可以帮助幼儿梳理关于时钟的原有经验，建立初步的时间概念。

本次活动结合时钟的基本结构，利用废旧材料，自制可拆解式时钟模型，以幼儿自己组装的时钟为学具，开展一系列的挑战活动，带领幼儿一同探究时钟的奥秘。

二、学情分析

时间是较为抽象的概念，幼儿对时间的概念掌握：从早上、中午、晚上到昨天、今天、明天，再到年、月、日、星期与整点半点，抽象逻辑思维在不断发展。大班幼儿对钟表上的数字排列、时针与分针的运转关系开始产生好奇，并希望能够读懂时钟。同时，对时间的了解和掌握，也能够为幼儿入小学做好准备。

活动目标

1. 认识时钟，了解钟面结构，学习组装玩具时钟。
2. 了解时针和分针的运行关系并认识整点。
3. 体验时间和日常生活的关系，感受操作活动的快乐。

活动准备

1. 幼儿操作材料：幼儿人手一套组装时钟操作材料，幼儿操作图卡。

2. 教师操作材料：PPT课件，钟点展示板。

活动过程

一、时钟引出话题，谈话调动幼儿经验

（1）（课件播放滴答声）听！这是什么声音？

（2）（出示实物时钟）对，这就是时钟发出的声音。

（3）你们在哪里见过时钟？时钟有什么作用？

小结：时钟不停地走动，为人们显示时间，人们就可以知道什么时间该干什么事情，大家按时间来工作、学习和休息。

设计意图

此环节用时钟的滴答声引发幼儿猜想，调动幼儿原有时钟经验。时钟在幼儿生活中随处可见，在谈话中为幼儿梳理时钟的作用，突出时钟的重要性。

二、组装时钟模型，认识钟面结构

引导语：既然时钟的作用这么大，今天，我们来组装一个时钟模型吧！

1. 认识材料，组装时钟模型。这里有钟面、数字和指针，请用这些材料把时钟组装完成，待音乐停止后结束操作。

2. 幼儿动手操作，教师巡回指导。（展示个别作品）

3. 通过与真实时钟的对比，让幼儿发现、验证是否组装正确。

4. 看看钟面上最上面的数字是什么？其他数字又是怎么排列的呢？从12的右边开始1，2，3，4……依次有顺序地排成一圈，这样的顺序叫顺时针。

图1-18-1

图1-18-2

图1-18-3

5. 请幼儿调整自己组装的时钟，老师检验并给予奖励。

设计意图

通过让幼儿动手操作组装时钟，让幼儿知道12个数字的摆放顺序及按顺时针方向排列。在活动中，可能会有幼儿在操作时出现逆时针、数字摆错等现象。所以，用一个真实的钟面，让幼儿通过观察比较、自己找错、再次修改，可以让幼儿对钟面结构有一个深刻的理解，并体验到成功的快乐。在整个教学过程中，时钟模型贯串始终，学具利用率较高。

三、结合PPT课件演示，了解时针和分针的运行关系

1. 教师提问：时钟上的这两根指针有什么不同？他们分别叫什么？

2. 游戏“指一指”。根据老师的指令：时针、分针，幼儿在钟面上快速指出来。

3. 时针和分针哪根跑得更快？（幼儿猜测后老师课件演示时针和分针的运行关系，进行“跑步比赛”）

4. 幼儿讨论：谁跑得快呢？（分针）再次看课件并提问，它们是怎么跑的？（分针和时针同时从12出发，分针整整跑了一圈，时针只跑了一小格，从12走到了数字1）

5. 课件演示1点至2点时针和分针的运行关系。（分针跑一圈，时针还是只走了一小格，从1走到2）

6. 如果时针从数字8 出发，分针跑一圈，时针会走到哪里呢？（课件演示）

7. 教师小结：分针跑得快，时针跑得慢。分针跑一圈，时针走一格，这就是1个小时。

图1-18-4

设计意图

幼儿通过观看生动、形象的PPT课件，在时针分针一次次的赛跑中，逐步累积“时针跑得慢，分针跑得快”的经验，初识“分针走一圈，时针走一格”的规律，为接下来幼儿学习看整点做好经验准备。

四、认识整点，学会看时间

1. 出示1点整、5点整、9点整的钟面图片。提问：这是几点？时针和分针分别在钟面的什么位置？

2. 概括小结：当整点的时候，分针都是指向12，时针指向数字几，就代表几点整。

3. 了解日常生活中整点的正确表示方法，如1点可以表示为1:00。

4. 出示整点钟面图片，请幼儿说一说它们分别是几点？并在课件中出示规范的表示方法。

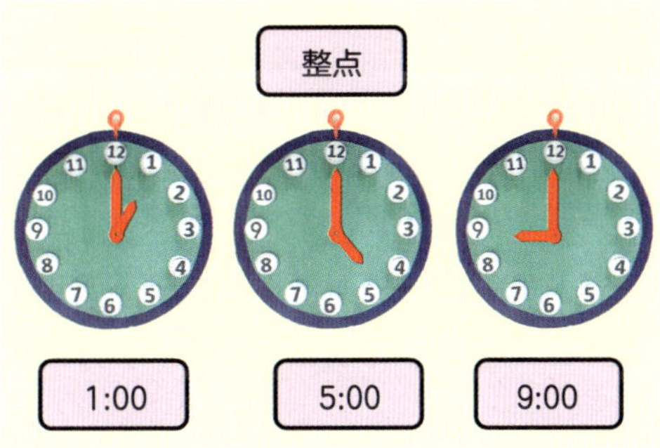

图1-18-5

设计意图

幼儿已经知道了分针转一圈是一个小时，于是教师把幼儿看过的三个钟面同时出示，通过比较观察，引导幼儿自己概括整点时指针的共性：整点的时候，分针都指向12，时针指向几就是几点。并通过看钟面报时间进一步练习巩固、加深幼儿对整点的印象。

五、结合幼儿生活，练习拨时钟

引导语：小朋友们，你们知道在幼儿园里什么时间做什么事情吗？

1. 幼儿尝试根据上学时间8:00进行拨钟练习，教师检查并奖励。

2. 小组比赛，根据幼儿园一日作息内容图示练习拨钟。

设计意图

用幼儿熟悉的幼儿园生活作息图示开展拨钟面比赛，让钟面时间与数字时间交替呈现，加快两者之间的转换，让时间与幼儿生活紧密联系。大班孩子有较强的竞争意识，对这样的比赛比较感兴趣，也会体会到另一种紧张和快乐感，进一步巩固对整点的认识。

图1-18-6

六、活动延伸："老狼老狼几点了"

1. 幼儿根据教师出示的时间和钟面进行游戏。

2. 根据幼儿的表现情况，出示半点钟面，进一步激发幼儿的探索欲望。

图1-18-7

设计意图

幼儿在认识时钟以后，一般会对时钟和时间比较感兴趣。本活动结合练习拨钟、看时钟，让幼儿的所学知识得以巩固，让时钟再次回归到现实中，为我们的生活服务。

19 生日在几月

活动设计：余姚市四明幼儿园　潘姝敏

设计思路

一、教学分析

生日是每个幼儿的期待，一个班级中几乎每个月都有幼儿过生日，利用生日这个有趣的话题，让幼儿在“猜生日”中认识年历，知道一年有12个月、有单数双数月、有4个季节等明显特征。同时在猜的过程中一问一答，通过排除的方法找到答案，对提高幼儿的逻辑思维能力，培养幼儿思维的敏捷性、灵活性等十分有益。这一活动旨在让幼儿根据年历特征，学习按肯定与否定进行多层分类，同时学习按某一特征来提问，直至找到生日。

二、学情分析

在幼儿的日常生活中常常会接触到各类渗透着集合概念的事件和问题。大班幼儿已经能根据事物的几种特征进行分类，但对于发现事物的特征来进行提问、甄别，还需要教师在日常生活中加以引导。本活动第一个环节：数字占格子游戏，在轻松的氛围中感知一年有12个月、一年分为上半年和下半年。第二个环节：寻找年历中的秘密，通过发现年历的特征为后续分类做铺垫。第三个环节：生日我来猜，学习肯定与否定的分类方法。第四个环节：猜猜老师的生日，巩固学习。

活动目标

1. 在游戏中感知“年历”的排列顺序等秘密，能根据问答信息来猜测和判断生日在几月。

2. 能有序思考，大胆猜测，愉快自信地玩猜测游戏。

活动准备

1. 幼儿操作材料：大格子拼图、年历小知识图示、年历操作卡、笔。
2. 教师操作材料：PPT课件。

活动过程

一、数字占格子游戏

1. 介绍游戏：今天老师要和你们一起玩一个占格子的游戏，每个人都有一个数字，当音乐响起时请你们手拉手绕着大格子走，音乐停的时候，看一看大屏幕上的格子，它会出现几个数字。如果大屏幕上的数字和你们身上的数字一样，就请站在相应的格子里。

1	2		4		6
			10		12

图1-19-1

1				5	
		9		11	

图1-19-2

2. 游戏两次并验证。

3. 还有几个小朋友没有站到相应的格子里，快动动脑筋，赶快站到属于你们的格子里。

4. 检验结果：（PPT课件演示）原来我们的格子是按照1到12，从小到大的顺序来排列的。

1	2	3	4	5	6
7	8	9	10	11	12

图1-19-3

设计意图

玩游戏是儿童的天性，本次活动以游戏引题，激发幼儿活动的兴趣。活动的游戏由易到难逐步推进，让幼儿在不知不觉中感知一年有12个月及上下半年的排列顺序，以及上半年和下半年的月份数，为下一个环节做好铺垫。

二、寻找年历中的秘密

1. 师：我们刚才玩的占格子游戏其实是我们生活中经常能看到的年历，请你们仔细看看年历中隐藏了哪些小秘密呢？

图1-19-4

2. 根据幼儿的回答逐一出示思维导图。

（1）上一排是上半年，下一排是下半年。

（2）4种颜色代表4个季节。

（3）年历中有单数月份和双数月份。

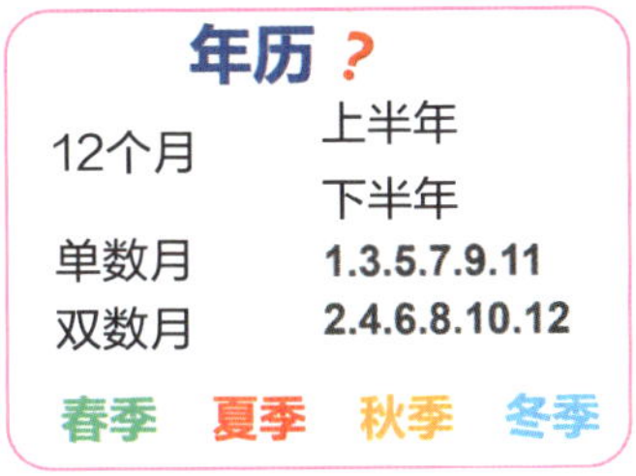

图1-19-5

3. 利用年历图帮助幼儿梳理一年中关于月份的信息。

原来一年里藏着12个月份；其中1~6月属于上半年，7~12月属于下半年；3、4、5（绿色数字）月属于春季，6、7、8（红色数字）月属于夏季，9、10、11（橙色）月属于秋季，12、1、2（蓝色）月属于冬季；一年中有单数的月份，也有双数的月份。

4. 年历占位游戏：现在老师要用年历小知识来考考你们，老师如果说到了你的月份，请你赶快站到相应的格子上（上半年，单数月份，冬、春）。

设计意图

从寻找日历中的小秘密开始，教师对幼儿找到的不同点进行精准小结，形成幼儿易懂的思维导图，为后续的魔术师猜生日打下基础，同时年历也根据幼儿的发现贴上对应四季的四色图标，给幼儿后续的魔术师游戏提供了隐性的提示。

三、生日我来猜

1. 年历里还隐藏了更多有趣的游戏，能让你们变成魔术师猜出很多人的生日在几月，想不想试一试?

2. 我们先来猜一位老师的生日怎么样?

3. 出示年历，讲述游戏规则:

（1）老师这里有一本年历，待会儿请一位小朋友把这本年历给其中一位老师，老师在年历中找到自己生日的月份，不要给别人看见。

（2）我们只能用提问的方法让老师回答，一次只能问一个问题，问题中不能出现具体月份的数字。

（3）老师只能回答“是”或者“不是”，如果提问有错误，回答问题的人可以拒绝回答。

4. 教师示范提问，全体幼儿共同猜老师的生日。

（1）生日是上半年吗?（不是）

（2）生日是双数月份吗?（是）

（3）生日是冬季吗?（是）

5. 刚才老师提了几个问题，大家就把老师的生日猜出来了，分别提了哪些问题?

6. 根据幼儿的回答，逐一梳理提问的方法。

当我们问完问题得到答案后，可以在自己的提示板上划去不符合的月份，再根据剩下来的月份提出新的问题，使我们的月份越来越接近答案，直到只剩下一个月份，你们学会了吗?

设计意图

魔术师猜生日的情境游戏大大激发了幼儿参与活动的兴趣，从教师示范提问，幼儿集体猜生日这一过程中梳理出魔术师猜生日成功的秘诀，再从个别幼儿提问，其余幼儿共同猜生日的过程中让每一位幼儿熟悉猜生日的方法。

四、活动延伸：猜猜老师的生日

1. 小朋友们，不拿提示板，大家去选择一位手中有星星的老师猜猜她们的生日，如果猜对了就能获得她们手中的小星星。

2. 幼儿再次猜生日。

设计意图

思维的锻炼是一个长期的过程，在集体活动中教师很难做到面向全体幼儿，一一验证他们思考、判断的方法，因此在此环节中借力听课老师，一对一进行指导，考虑到了每一个孩子的学习体验。让每一个孩子都能体会到化身魔术师猜生日的成功，从而让幼儿能够在后续的区域游戏中自主开展此类游戏活动。

20 探秘取宝

活动设计：余姚市星光实验幼儿园　苏宇霞

设计思路

一、教学分析

本次活动，教师利用幼儿生活中常见的十六宫格图以及不同颜色的雌雄扣等为材料，以“寻宝”为线索，以“机器人”寻找为路径，带领幼儿一起进入探究“左右”方向之旅。

人从出生起就生活在三维世界中，人的生活与空间密不可分，空间方位的本质是空间想象力，它的形成是一个循序渐进的过程。空间方位的培养主要在观察、想象、操作、思考过程中进行，重视并帮助幼儿发展空间方位是教师教学中非常重要的任务。幼儿在掌握空间方位的过程中，先是以自己的身体为出发点，在此基础上，逐渐能做到以客体为中心区分物体空间方位的关系。数学活动中选择适合幼儿的材料，并且以幼儿感兴趣的点来激发幼儿探究活动是非常重要的。

二、学情分析

左、右两个方位对幼儿来说是比较难以辨别的。幼儿首先需要根据生活经验来辨别自己的左右手，形成自己的身体感觉，然后根据身体感觉以自己为参照物来辨别物体的左右。大班第二学期的幼儿，能初步以自身为中心辨别左右，但是用箭头符号等抽象的方式理解物体在二维空间中的位置和运动方向等还是有一定难度的，需要进一步巩固学习。

基于以上分析，本次活动始终以“动手实践，尝试推理，验证思考”等过程来展开。第一个环节：获取“能量罐头”，让幼儿通过观察对比以及身体动作，发现红色圆点表示前进1格，蓝色圆点表示右转。第二个环节：获取“绿宝石”，通过PPT课件路径观察以及实际操作探寻新路径的方式在巩固认识红色圆点表示前进1格，蓝色圆点表示右转的基础上，进一步认识黄色代表左转。第三个环节：获取“恐龙蛋”这个环节是本次活动的出彩点和难点，在明确绿色圆点可以代表两个红色圆点即可以前进两格的基础上，通过让幼儿小组合作实践探究、共同交流验证来初步尝试用“函数”指令，让编程“小机器人”按路线行走并到达指定位置。第四个环节：活动延伸，感受智能给生活带来的便利，激发幼儿对编程的兴趣。

活动目标

1. 尝试在十六宫格内用前进、右转、左转等方位指令进行游戏操作活动，巩固以自身为中心认识左右的经验。

2. 与同伴合作，设计路线到达十六宫格内的指定位置，并初步尝试运用“函数”指令使编程小机器人按路线行走。

3. 体验和同伴合作解决问题的乐趣，发展数学思维能力，感受成功的喜悦。

活动准备

1. 幼儿操作材料：小十六宫格图人手1份、小机器人1个、不同颜色的雌雄贴若干，每个小组1份大十六宫格图、每个小组1个编程小机器人。

2. 教师操作材料：PPT课件、编程小机器人1个、编程机器验证盒1个。

活动过程

一、获取“能量罐头”

1. 出示十六宫格魔毯（PPT课件演示）。

引导语：孩子们，瞧，这儿有张格子魔毯。魔毯上面有什么？这个小机器人想要从起点走到这里去拿这个“能量罐头”，你们觉得它可以怎么走？

2. 幼儿表达，老师用PPT课件同时呈现箭头（引发幼儿对向前、右转的关注）。

3. 交流：你们发现老师在箭头旁边放了什么？（右边对应出现颜色指令）你们能发现什么秘密吗？

（你们非常厉害！红色表示前进1格，蓝色表示右转）

4. 看不同颜色的圆点，用身体动作表示。

引导语：这个秘密你们记住了吗？那我们用身体动作来试试看。

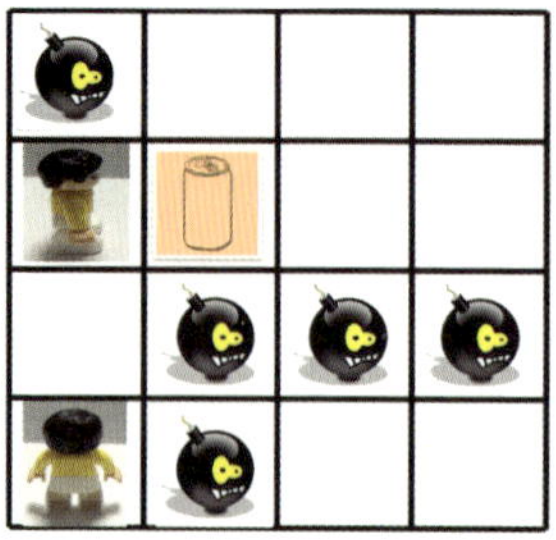

图1-20-1

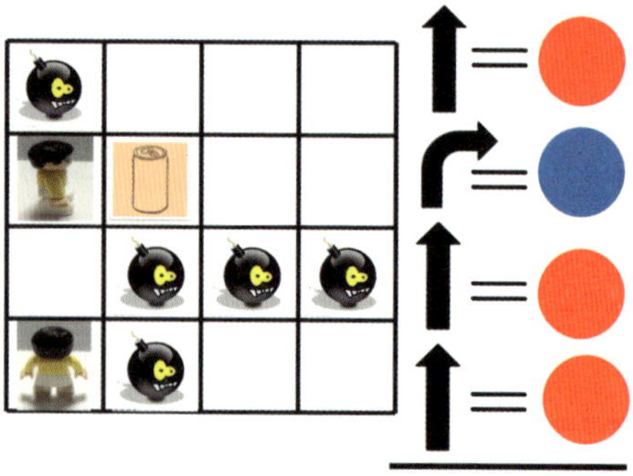

图1-20-2

设计意图

此环节以“魔毯”激发幼儿兴趣，以获取“能量罐头”为任务，引发幼儿对小机器人前进路线的关注，并通过PPT课件的演示发现红色圆点对应“前进一格”、蓝色圆点对应“右转”，并尝试用自己的身体动作来模仿小机器人前进或者右转，为下一环节探寻各条路线做好铺垫。

二、获取“绿宝石”

1. 观察路线一。

引导语：那小机器人找到“能量罐头”补充好能量后，它要继续走，去找一块“绿宝石”，看看它走了哪条路线，怎么走的？（PPT课件呈现小机器人走的路径）

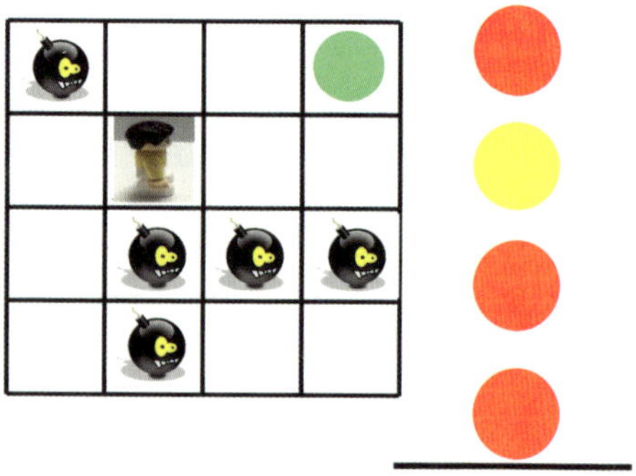

图1-20-3

2. 分享交流。你们看清楚了吗？它是怎么走的？

（PPT课件继续呈现路径）师：根据PPT课件路径引导幼儿表达前进、左转等。提问：什么颜色的圆点代表左转？

3. 幼儿用身体动作尝试这条路线。

引导语：哇，拿到“绿宝石”啦！我们也尝试用身体动作来走一走这条路线吧（重点练习左转），大家像小机器人一样的方向站好。

4. 寻找其他路线。

引导语：那要找到“绿宝石”只有这一条路可以走吗？（出示范例纸）

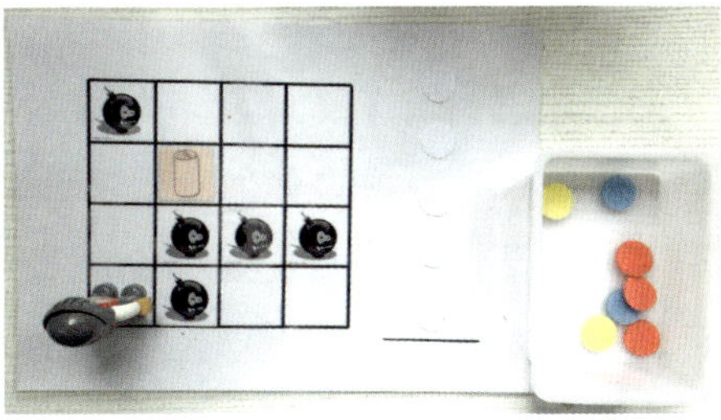

图1-20-4

（1）师：接下来小朋友都去试一试，不过你们走的路线要和小机器人走的不一样哦！小机器人的起点是“能量罐头”的地方，终点是“绿宝石”的地方。

（2）幼儿操作，在十六宫格操作卡上贴各色圆点，寻找从“能量罐头”到绿色圆点的地方。

5. 分享验证。

引导语：你们找到了不同的路线？每一步怎么走的？分别用了什么颜色的指令？还有其他不同路线吗？

两种验证方式：①一个幼儿拿着自己的操作纸介绍自己的路线，PPT课件里一步步呈现小机器人走的过程，然后请找到同样路线的幼儿一起上来展示。②请找到另外一条路线的幼儿上来，PPT课件直接呈现颜色指令路线：他的路线可以吗？大家一起拿着小机器人在操作纸上试一试，看看能不能拿到“绿宝石”。幼儿操作后PPT课件验证小机器人走的路线，然后请走一样路线的幼儿上来展示操作纸。

6. 教师小结：原来，小机器人要拿到“绿宝石”有好多条路线，路线不一样小机器人走时的指令颜色也不一样。

设计意图

此环节通过两个步骤来完成。第一步，根据PPT课件上的小机器人行走路线，引发幼儿对红色圆点对应“前进一格”、蓝色圆点对应“右转”的巩固认识，并进一步发现黄色圆点对应“左转”。第二步，根据前面的经验，让幼儿自主探索其他路线，其实是对不同颜色的圆点分别对应的“前进、左转、右转”的巩固认识，也是对下一个环节的前期经验积累。

三、获取“恐龙蛋”

1. 引出“绿宝石”代表的含义。

引导语：拿到“绿宝石”了，这块“绿宝石”在哪里呢？代表什么意思？

（原来一块“绿宝石”可以表示前进两格呢！）

2. 寻找“恐龙蛋”。

引导语：有了“绿宝石”后，我们就要面临一个新的挑战了。这次你们看到了什么？

这次要请小朋友们想办法帮助小机器人设计行走路线，然后拿到“恐龙蛋”。请问大家：从小机器人的地方出发到恐龙蛋的位置，有几条路线？

明确要求：一条路线中，红色指令贴最多只能用两块，那怎么办呢？前进两格时我们可以选什么颜色？

图1-20-5

3. 幼儿分组合作，操作游戏。

4. 交流验证：（将四组幼儿的操作图纸呈现在大家前面）你们设计出几条行走路线帮助小机器人拿到“恐龙蛋”？

图1-20-6

师：第一条路线是怎么样的？每组请一个幼儿把一条相同的路线集中到一个版面。

幼儿说颜色指令，教师出示特别的指令盒子，根据幼儿说的摆指令石按动按钮，幼儿观察小机器人是否能到达“恐龙蛋”处。如果能够到达，奖励幼儿“恐龙蛋”玩具。

第二条、第三条路线同上。

设计意图

第三个环节是本次活动的高潮点，对幼儿来说挑战性和趣味性更强。通过“绿宝石”绿色圆点可以代表两个红色圆点前进两格，引出一个“函数”的概念，在4个人一组的操作游戏中，探寻与同伴合作设计路线到达十六宫格内的指定位置的方法。而教师根据幼儿自主设计的不同路线，现场用“指令盒子”摆放指令石后按动按钮来让幼儿观察小机器人是否能到达指定的位置。整个环节鼓励幼儿观察、操作、分析、表达，使幼儿获得丰富的感性认识，幼儿间相互作用、相互影响、相互促进，可以积累丰富的活动经验和思考经验，发展空间观念。

四、活动延伸

引导语：今天我们用不同颜色的指令成功地设计出多种路线让小机器人到达指定地点拿到“恐龙蛋”。你们知道吗？其实这就像我们家里的扫地机一样，就是聪明的人类用编程的方式在让一些机器听指令行动。你们想不想以后继续去研究编程，让我们的生活变得更便利呢？

设计意图

此环节的活动延伸是很有必要的，通过前面的环节中小机器人根据指令到达指定路线的现象，让幼儿感受到“编程”的趣味性，从而链接到生活，感受智能给人们生活带来的便利，激发幼儿对编程的兴趣。

21 认识左右

活动设计：余姚市实验幼儿园教育集团　张颖荧

设计思路

一、教学分析

大班幼儿数学核心经验中指出：空间方位可为我们准确指明方向、路线和位置等。但空间方位特别是左右方位对于幼儿来说是一个比较抽象的概念，学习难度较大。本次活动还有两个难点：①在以自身为中心区分左右的基础上区分“左上、左下、右上、右下”；②需要以多维的方位指示进行操作。

此活动强调幼儿主动参与和学习，重视幼儿亲身体验，因此利用幼儿已有的生活经验，引导幼儿以食品管理员的身份进行操作，并通过层层递进的挑战，充分调动幼儿的积极性，让幼儿在一个广阔、自主的空间中充分发挥学习的主动性，在游戏与操作中认识和体验空间方位。

二、学情分析

大班下学期的幼儿开始具备抽象思维能力，能够理解和描述单一的空间方位，如左右、上下等，但局限于以自身为中心简单区别左右关系，对于多种方位结合的描述如“左上”，还具有一定困难。对此，更需要教师通过生活化、游戏化、操作化的方式支持幼儿空间方位的学习，为以后认识立体图形、建立空间立体感打好基础，提高解决实际问题的能力。

活动目标

1. 在以自身为中心区分“左右”的基础上，初步理解“左上、左下、右上、右下”。

2. 积极参与游戏，体验数学活动的乐趣。

活动准备

1. 幼儿操作材料：仓库图4张，蓝色、粉色“货架”各8个，货品、奖券、贴纸若干。

2. 教师操作材料：PPT课件。

活动过程

一、激趣引题，认识左右

1. PPT演示汉字“左、右”，认识汉字。

师：小朋友们，今天老师给你们带来了两个字宝宝，你们认识吗？

2. 游戏：我说你们做。

（1）出示手环，请幼儿把手环戴在右手上，教师以击掌的方式验证。

（2）游戏规则：听老师的指令做动作。

指令：举起你的右手，举起你的左手，翘起你的左腿，用你的右手摸你的右耳朵，用你的右手摸你的左耳朵，把右脚搁在左腿上，把左腿搁在右腿上……

设计意图

通过认识汉字“左”与“右”，引入本次活动的主题，为接下来幼儿理解操作卡做准备。戴在右手上的手环可以时刻提醒幼儿哪边是右边，作为一个降低游戏难度的道具将贯串整个活动。引导幼儿做举手、搭肩等小游戏，让幼儿在这些简单而有趣的游戏活动中区别左右，加深对左边和右边的认识，使幼儿感到亲切而又不觉得枯燥，乐于参与学习。

二、观察货柜，感知“左上、左下、右上、右下”

1. PPT演示两个货柜（1号、2号），复习“左、右”。

师：请你们告诉我，右边货柜是几号？那么剩下的1号货柜在哪边？

图1-21-1

2. PPT演示立体货柜，认识“左上、左下、右上、右下”。

（1）师：这次是和你们桌子上一样的货柜，它有4个格子。现在，右边的格子是几号？（2号和4号）2号、4号都在右边，怎么区分它们呢？

图1-21-2

（2）引导幼儿讨论：右（左）边的上面叫什么比较合适？右（左）边的下面叫什么比较合适？

（3）教师小结：中轴线右（左）边的上面叫右（左）上，中轴线右（左）边的下面叫右（左）下。

设计意图

空间语言是空间学习的重要基础。当空间关系被命名时，幼儿学习相关内容会更快。在教师一步步的引领下，通过数字标记与方位名词相结合，运用PPT课件演示，让幼儿理解“左上、左下、右上、右下”。然后利用简单的学具“四格货柜”和糖果进行操作。

三、摆放食品，运用“左上、左下、右上、右下”

1. 游戏一：玉米糖在哪里。

（1）游戏规则：我们熟悉了格子的位置，接下来可以做食品管理员啦！工作之前，我们需要先进行上岗培训。请小朋友们搬起椅子坐到有货柜的桌前，找到盘子中的玉米糖，注意不要动桌上的货柜。

师：仔细听我的指令，把玉米糖放在相应的格子里。

师：请把你们的玉米糖放到货柜的左上角，移动玉米糖放到右上角，玉米糖放右下角，玉米糖放左下角。

（2）游戏奖励。

师：你们的反应很快，都放对的小朋友请摘一个桌角的苹果贴纸贴在你的右手手背上。

2. 游戏二：送货柜。

（1）游戏规则（出示四格货柜、食品及任务卡）：各位管理员，经过培训你们可以正式工作了，商店老板请你们根据屏幕上的任务卡，把4种食品分别放进货柜。你们能放对吗？各位管理员赶紧工作吧，老师可是有时间限制的哦。

任务卡

食品	货架位置
	右下
	左上
	左下
	右上

图1-21-3

（2）幼儿进行游戏。

（3）交流、验证。

师：各位食品管理员，你们的工作完成了吗？现在放下手上的东西，把你们的左手、右手分别放在左腿、右腿上，我请一个管理员说说他是怎么放的。（操作PPT课件，幼儿指点）

师：你放对了吗？放对了给自己拍拍手，放错了赶紧调整过来。

（4）游戏奖励。

师：放对的管理员请摘下一个苹果贴纸贴在右手臂上。

任务卡

食品	货架位置
	右下
	左上
	左下
	右上

图1-21-4

（5）再次游戏。

师：刚刚我们学了根据任务卡放食品，现在老师要检验你们学得好不好。（出示新的任务卡）

（6）验证、奖励。

师：放对的管理员请摘下一个苹果贴纸贴在右手臂上。现在我们的右手东西越来越多了，记住，这是我们的右手，是我们的右边哦。

设计意图

此环节是本次活动的重点环节。围绕幼儿成为食品管理员来放食品的情境，教师出示任务卡，幼儿根据任务卡上的要求分别将4种食品放入对应的格子。第一次操作完成后请一名幼儿用准确的数学语言回答“我把什么食品放在哪一格”，然后以PPT课件帮助幼儿验证自己的摆放位置是否正确。第二次操作又是一次巩固学习。

四、运送货柜，练习“左上、左下、右上、右下”

（1）游戏规则：食品放进了货柜，这次商店老板要求把这些货柜搬到两个仓库里。搬货柜需要密码卡，密码卡就贴在你们的椅子背后，请把它撕下来贴在货柜的最中间。你们能看懂这张密码卡上的字宝宝吗？

（2）教师示范。

师：老师也有一个货柜，我的密码卡是“左，左上”。“左”就是找到左边仓库，“左上”就是在找到的仓库里找左上的货柜。应该放在哪里？谁来给我指一下？

图1-21-5

（3）幼儿示范。

师：接下来，我要请一个管理员也来搬一个货柜，看看他是怎么放的。

（4）幼儿操作。

师：现在你们明白了吗？密码卡上第一个字表示的是左边仓库还是右边仓库，后面两个字是什么意思？就是放在这个仓库的哪个货柜。

师：现在请绿色密码卡的管理员把绿色货柜先搬到仓库里去。

师：剩下的管理员请你们坐在椅子上帮他们检验。睁大眼睛哦。

（5）幼儿纠错。

师：剩下的管理员，你们找到错误了吗？如果你们找到错误并放对了，可以得到贴纸。请你们把它贴到右胸上。

师：刚才搬对货柜的管理员也赶紧将一个苹果贴纸贴在你的右腿上吧。

（6）幼儿再次操作。

师：我们的粉色货柜还没去仓库呢！请管理员把它们搬到粉色的仓库里，请剩下的管理员坐在椅子上帮他们检验。

师：他们搬对了吗？请刚才搬对货柜的管理员也将一个苹果贴纸贴在你的右腿上。

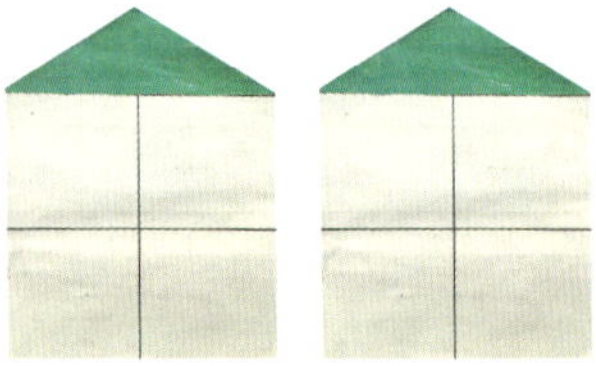

图1-21-6

设计意图

该环节的操作难度再次提升，要求幼儿将手中的“货柜”放到左、右两个“仓库”中，每个仓库也分为左上、左下、右上、右下四格。这里出示的密码卡是二维的，如“左，左上”，要求幼儿先找到左边仓库，再找到左上格。这里需要幼儿具有清晰的逻辑思维。通过教师的举例讲解，幼儿操作和相互验证，使幼儿在理解密码条的二维信息基础上再进行操作，突破了难点。

五、赢取食品，巩固“左上、左下、右上、右下”

1. 一名幼儿拿零食。

师：今天你们得到了多少苹果贴呢？看来你们的工作都完成得很好，老师不光要奖励你们贴纸，还要奖励你们仓库里的零食。这次货柜有了编号，那么这张奖券你们能看懂吗？（出示奖券“左，1，右上”），左仓库1号柜的右上格在哪里呢？谁能找到它？

左	1	右上

图1-21-7

师：零食归你了，恭喜你！

2. 两名幼儿比赛拿零食。

师：你们想要奖品吗？（出示新奖券“右，1，左下”）右仓库1号柜的左下格，在哪里呢，谁来找一找？你们两个来比赛吧，看谁找得快。

师：我们不仅要认识奖券，脑筋还要动得快，不然找错了就没有奖品了。

3. 全体幼儿拿零食。

师：别着急，今天你们把工作完成得很好，每个人都有一张奖券。请你们先想一想奖券上的礼物在哪里？想好了再去找，找到礼物后请你们把奖券放在这个空格子里。

图1-21-8

师：哇，这是你们的劳动成果哦！有的拿到的是玉米糖，有的拿到了小馒头，里面还有好多，你们是不是可以分享给“客人”老师？

设计意图

奖券的出示，可以激发幼儿开动脑筋领取奖品的动力。奖券上的三个信息，依次表示哪个仓库、几号货柜、哪个格子。如“右，1，左下”就代表右仓库1号货柜的左下格。将货柜用数字表示，可以降低理解难度。该环节通过教师示范、个别操作、集体操作的方式，既使幼儿巩固了对“左上、左下、右上、右下”四个方位的把握，又将操作游戏带入高潮，最后让活动在领取奖品的热烈气氛中结束。

22 动物园导游图

活动设计：余姚市兰江街道中心幼儿园浙东实验分园　宋贤芳

设计思路

一、教学分析

空间方位有上下、前后、左右等的辨别，是人对客观物体在空间中所处位置关系的判断。初步辨认一些空间方位，不仅有利于幼儿空间知觉的发展，帮助其准确、详细地表明方向、路线和位置，更有利于培养幼儿有序、细致的观察能力，增进幼儿处理日常生活问题的能力。日常生活中，幼儿经常到公园、动物园、游乐园游玩，所以空间方位的建立，可以帮助幼儿更好地看懂导游示意图，更快地找到游玩目的地。

二、学情分析

物体的空间位置关系是连续的，以“前后”和“左右”方位为例，前与左、前与右，后与左、后与右的区域是连续的，不能截然分隔。但大部分大班幼儿还不能将空间方位看成连续的整体。

本次活动根据幼儿辨别空间方位要经过以自身为中心的定向，逐步过渡到以客体为中心的定向过程，设计了以下四个环节。第一个环节：看谁反应快，以自身为中心辨别左右。第二个环节：初步尝试看导游图，以自身为中心向看图辨别左右过渡。第三个环节：合作寻找参观路线，通过共同交流讨论，能正确运用方位词清楚地介绍自己的路线，该环节是本次活动的重点和难点。第四个环节：迁移提升新经验，设计新的导游图，向左上、右下等方位拓展，引发幼儿将左右两个区域拓展到左上、左下、右上、右下四个区域，为幼儿进入小学后在田字格中书写做好准备。

活动目标

1. 能够以自身为中心辨别左边和右边，并逐步过渡到能看图辨别左右。

2. 通过寻找动物馆发展空间方位感，并能正确运用方位词清楚地介绍自己的路线图。

3. 通过操作活动体验解读导游图的乐趣。

活动准备

1. 幼儿操作材料：操作板人手1份（板上一面有可以粘贴的动物头像，一面贴有缩小的田字格式的动物园导游图）。

2. 教师操作材料：PPT课件。（动物园的导游图要求：点击图中动物会出现闪烁；在图上方插入一维、二维的指令卡，依次点击“飞入”；点击后可移动路线箭头）

活动过程

一、游戏：看谁反应快，以自身为中心辨别左右

1. 给右手贴标签。

引导语：我们每个人都有一只左手和一只右手，请你们高高举起右手，看看能干的右手在哪里？（幼儿举手，教师检查）我们的右手很能干，可以画画、写字、拿筷子，我们把胸前的苹果贴纸奖励给它吧。（幼儿贴苹果贴纸）

2. 听指令做动作：

左手左手在哪里？右手右手在哪里？……

用你的左手拍拍左边的小朋友。

高举你的左手摸摸你的右耳朵。

你的左边坐着谁？你的右边坐着谁？……

设计意图

此环节作为活动的重点，首先让幼儿在右手上贴上苹果贴纸，帮助幼儿正确地分辨自己的左右手，然后通过游戏“看谁反应快”，帮助幼儿反复识别自己的左右手和左右边，集体和个别游戏相结合，通过游戏使重点问题得到解决，为接下来的难点突破奠定基础。

二、初步尝试看导游图，学习看图辨别左右

1.（课件展示动物园导游图）分清动物园导游图的左边和右边。

提问：这是什么地方？这张图的中间有什么？（马路）马路的左边有哪些动物馆？马路的右边有哪些动物馆？

小结：看导游图的方向和我们自己身体左右的方向是一样的，导游图的左边就是我们身体的左边。

2. 分清动物馆的左右，进一步分辨他物的左右，增强空间方位感。

（教师点击课件中的指令卡，幼儿根据指令从操作板中拿下相应方位的动物，并共同验证）

一维指令：熊馆（熊的头像）的左边是？……

二维指令：熊馆的左边，犀牛馆的上面是？……

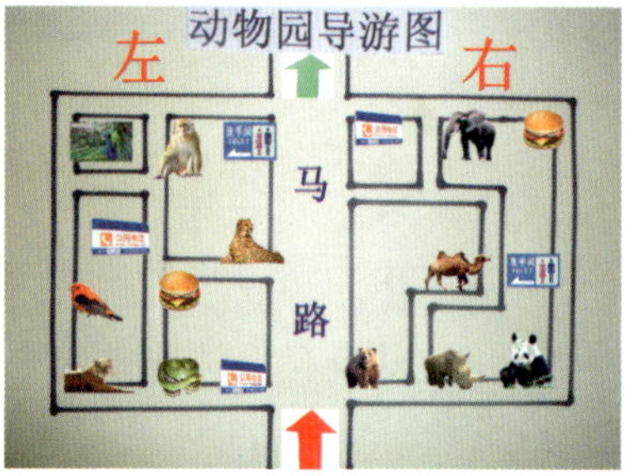

图1-22-1

图1-22-2

图1-22-3

设计意图

此环节帮助幼儿从以自身为中心过渡到以他物为中心辨别左右。首先活动中提供了一张动物园导游图，导游图的中间设计了一条进出口的马路，把导游图分成了左右两个园区，为区分他物的左右提供了素材；在PPT课件中，教师把这些动物馆设置为点击后会闪烁，这样幼儿在寻找动物馆分辨左右的时候能很快地找到参照物，而且在图上标明“左、右”两个字，为幼儿自主阅读后面的指令卡做好前期的准备。其次为幼儿准备了粘贴动物卡，让他们看着出示的一维和二维指令卡进行自主操作，并说说“为什么是这个动物”“你是怎么找出来的”，在自主寻找动物方位、共同检验中，帮助幼儿梳理新经验。

三、合作寻找参观路线，介绍自己的路线

1. 出示路线图，幼儿自主学习讲述。

师：（课件展示行走路线）小红想参观豹馆，这是她走的路线，你能介绍一下她是怎么走的吗？

小结：从入口出发，来到第一个路口向左走，经过蛇馆向前走，来到汉堡餐厅向右走到豹馆。

2. 观看课件，讲述其他动物馆的路线图。

师：如果她要去大象馆该怎么走呢？在第几个路口拐弯，向左还是向右？到这个馆还可以怎么走？

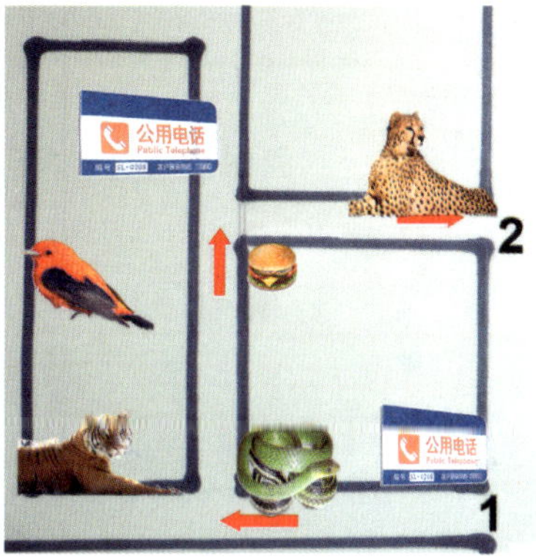

图1-22-4

设计意图

此环节中教师引导孩子用正确的方位语言描述路线，这是活动的难点。所以在动物园导游图路线途中设计了红色的箭头予以提示，通过幼儿在课件中看箭头路线示意图、说说路线图，并且感受找同一动物馆可以使用不同的路线，帮助幼儿多次练习如何正确表述方位词。

四、迁移提升新经验，设计新的导游图

1.（课件展示空白动物园导游图）交代建馆任务：

①请在中心花园的左上角建造孔雀馆。

②请在中心花园的右下角建造老虎馆。

③请在中心花园的右上角建造狮子馆。

④请在中心花园的左下角建造蛇馆。

2. 教师验证，幼儿自主学习新经验。（运用课件认识左上角）为什么要放在这里？请你们说一说。那么它的右下角在哪里？它的左下角在哪里？它的右上角在哪里？

图1-22-5

3. 继续听指令在四个方位建馆。

4. 课件展示正确的新的动物园导游图，让幼儿自己检验对比。

设计意图

同一张操作板的反面重新构建了一张田字格式动物园图，让幼儿听指令重新构建动物园导游图，将已学的左右方位知识经验向左上、左下，右上、右下做迁移延伸，将认识方位向纵深发展，为幼儿进入小学认识田字格打下基础。

23 黑猫侦探社

活动设计：余姚市四明幼儿园　潘姝敏

设计思路

一、教学分析

在平时的生活和幼儿园教育中，家长和老师通常都更加注重对幼儿进行“数与量”的学和教，对“空间方位和形体间的转换”这方面的引导学习相对薄弱。《3~6岁儿童学习与发展指南》在认识几何形体中对大班幼儿提出的要求是“能用常见的几何形体有创意地拼搭和画出物体的造型”，这条目标涉及二维平面和三维形体之间的转换；在空间方位中提出“能按语言指示或根据简单示意图正确取放物品”这条目标涉及物体的空间方位表征，以及实际物体的空间方位与符号表征的物体方位之间的对应。大班幼儿数学核心经验中也明确指出：要让幼儿学习用符号表示二维空间中的位置；理解简单示意图中的空间关系并能重现。

六面三色的正方体既能让幼儿学习“上面、正面”，同时随着正方体的翻转和数量的不断叠加组合，上面和正面的颜色会不断发生变化，可以不断组合形成新的图形，供幼儿学习、记录、再现，这和数学核心经验不谋而合。《幼儿园教育指导纲要（试行）》提出：“数学教育必须让幼儿能从生活和游戏中感受事物的数量关系并体验到数学的重要和有趣。”由此可见，在幼儿园数学学习知识要生活化、游戏化已经成为构建数学活动的基本原则。

二、学情分析

在我们的日常生活中，“空间方位”无处不在，比如搭积木的时候幼儿会用“长方形在下面，三角形在上面”来描述积木的位置；在玩气球船时会说：“我的小船向前开啦！”等。虽然幼儿对空间位置有一定的理解，但是还不能较好地理解和灵活运用。了解上面和正面并能较正确地辨认，以及学会表征三维物体的空间关系都是大班幼儿所要掌握的，因此如何在有情、有趣的数学游戏中，让幼儿愉快地尝试、发现、学习；在游戏中有效地刺激、培养幼儿的观察、比较、分析、概括以及动脑解决问题的能力，在活动的开展中让幼儿感知、体验方位，并在游戏氛围中将方位的表征和交流变成自然的游戏需要，从而体现数学活动的高效、有趣，帮助幼儿积累更多有关空间方位的认知，是设计本次活动的初衷。

活动目标

1. 通过观察比较，了解物体的上面和正面，并能正确地辨认。
2. 学看实物和示意图，初步表征三维立体和二维平面的空间关系并重现。
3. 萌发表征空间方位的兴趣，初步养成独立思考、主动探索的习惯。

活动准备

1. 幼儿操作材料：纸盒、操作纸，代表红蓝队的胸牌1人1枚。

2. 教师操作材料：PPT课件，抱有三原色箱子的“破坏王”2名，示范操作板1份。

活动过程

一、情境导入，感受空间方位

1. 师：你们看，谁来了？

2. 边展示PPT课件边讲解（故事引入）：

熊猫奶奶家的花园遭人破坏，有两位目击证人都说自己看到了破坏者，我们一起来听一听（小鸟说：我从上面看，是背着红色箱子的坏家伙干的。小兔说：我从前面看，是背着蓝色箱子的坏家伙干的）。

图1-23-1

提问：它们是怎么说的？它们是在什么地方看的？

黑猫警长头疼了，两只小动物都说自己没有看错，这到底是怎么回事呢？他想请一批小侦探和他一起去破案。

师：你们想成为小侦探吗？（要成为合格的小侦探可没这么容易，需要经过严格的训练，你们有信心吗？）

师：在训练开始之前黑猫警长把你们分成了红队和蓝队。

设计意图 爱玩是儿童的天性，以黑猫警长抓小偷这样的一个情境让幼儿进入活动，抓住幼儿的兴趣点。同时，破案的情节让原本枯燥的活动环节变得鲜活起来，大大激发了幼儿学习的内驱力。

二、游戏“翻盒子”，认识纸盒的上面和正面

1. 认识上面。

师：快来看看黑猫警长给我们准备的第一个训练内容，瞧，我这里有一个纸盒，请问我的纸盒上面是什么颜色的？（教师转动盒子再次询问）为什么同样的盒子，它们上面的颜色却不一样呢？（哦，原来我们摆放的位置不一样，盒子上面的颜色也就不一样了）

2. 认识正面。

师：好，我们已经知道上面是哪个面了，那这个盒子的正面是哪里？（在孩子们面前走一圈）

师：我们来看一个小提示。（课件：人体正对的这个面叫正面）这下你知道哪个是正面了吗？

师：大家都能够说出盒子的正面和上面，很棒！看看黑猫警长对你们的表现满意吗？

3. 代表色大比拼（红队代表色为红色、蓝队代表色为蓝色），正确辨别上面和正面。

图1-23-2

（1）教师出示16个正方体并摆放成一排，介绍“翻盒子”游戏规则。

发出指令：如代表色是上面，请两队的队员来翻一翻。

（2）个别幼儿翻盒子，集体验证。

第1~2次：翻2个盒子，两队各派一名代表（上面）。

第3~4次：翻4个盒子，两队各派一名代表（正面：让幼儿了解必须摆正）。

（3）全体幼儿翻盒子，游戏再进行2~3次。

师：待会儿翻的时候大家动动脑筋，除了把自己队的盒子翻成幸运色之外再想办

法多翻几个。

音乐响起全体幼儿上前翻盒子，音乐停止后大家回到座位上一起验证，哪队翻得多给哪队奖励。

设计意图

虽然大班幼儿判断的是客体的空间方位，但还是建立在自身出发的参照基础上，假若离开了自身这个中心点，他们往往就会难以辨别方位。在认识正面时，教师拿着盒子在每个幼儿面前走了一圈，用这个简单的动作暗示帮助幼儿找到基准，从而正确辨别方位。同时，通过竞赛游戏翻盒子不知不觉中让幼儿快速辨认上面和正面，为接下来进入活动的难点做好铺垫。

三、根据正方体摆放位置，学习根据二维记录的方法进行表征

1. 教师讲解游戏方法。

• 恭喜你们又获得了黑猫警长的奖励。看来作为一个小侦探不但要仔细观察，还要认真倾听。

• 我们来看看，黑猫警长会有什么更难的训练等着我们呢？

• 待会儿你们每个人都会有一张操作表，大家仔细看看操作表上写了什么？请你们把看到的正面和上面记录下来。

2. 请个别幼儿上前示范记录。

图1-23-3

图1-23-4

3. 出示座位图：你们会找座位吗？（要求幼儿根据图示坐到指定座位上）

4. 教师摆放盒子，幼儿记录并验证。

（1）幼儿操作，教师根据幼儿的表现给出奖励。

（2）教师小结：你们真是太厉害了，看来作为一名小侦探除了要学会认真观察，把观察到的东西记录下来也很重要哦。

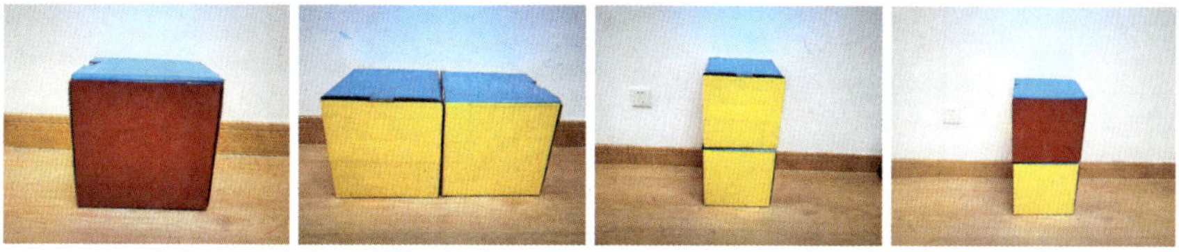

图1-23-5

设计意图

这个环节是一维转二维的过程，在幼儿的记录过程中，教师的验证是非常重要的，它能直接帮助幼儿厘清方位关系。通过老师摆放幼儿记录这一过程，幼儿有了全新的视角，原来方位的多变还与盒子的组合有关。2个盒子并排横放，会出现2个上面、2个正面，2个盒子叠放会出现1个上面、2个正面。这将为后面的三维呈现打下基础。

四、根据二维示意图，进行三维重现

引导语：接下来让我们看看黑猫警长还给我们准备了什么训练任务（课件呈现图片），你知道黑猫警长要你们干什么吗？是呀，黑猫警长要让小朋友们把看到的用盒子呈现出来，你们能成功吗？请每个小朋友到前面拿一个盒子，然后回到座位上摆一摆吧。

1. 幼儿操作。

（1）1个人练习。

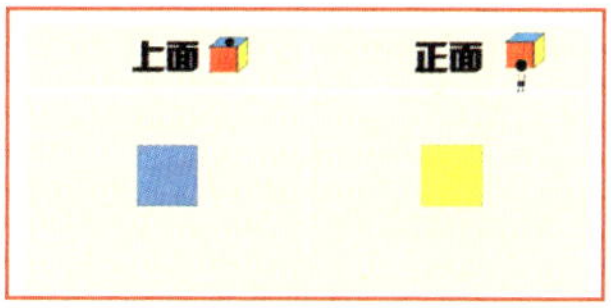

图1-23-6

（2）2个人合作。

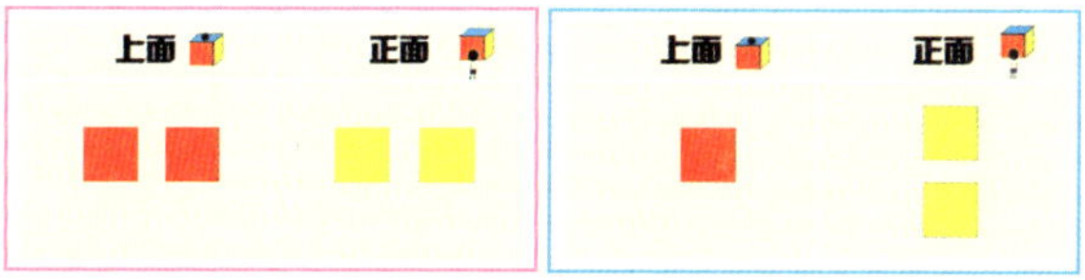

图1-23-7

（3）4个人合作。

图1-24-8

2. 小结：只要我们认真观察，积极动脑，团结合作，都能够成为一名合格的小侦探！

设计意图　此环节幼儿根据二维平面图用摆一摆的方式进行三维重现，能够使幼儿通过逆向思维更透彻地理解空间关系并灵活运用。幼儿通过1个人、2个人、4个人合作完成了闯关任务。教师还可以组织6个人合作、8个人合作乃至全体合作，呈现更多组合方式。

五、游戏“寻找破坏王”，巩固认知

1. 小朋友们学会了看正面、上面的本领，现在你们能帮助黑猫警长破案了吗？

2. 根据目击者的提示，自主破案。

师：恭喜大家成为合格的小侦探。我已经抓到了两名嫌疑人，请你们来破案吧，到底谁是破坏王？如果思考好了，请把你们身上的标贴贴到破坏王的盒子上。（教师出示两个抱有盒子的动物，其中一只动物抱的盒子上面是红色，正面是蓝色）

设计意图　兴趣、好奇心和求知欲是幼儿学习数学的内部动力。在这个活动中，以黑猫警长角色贯串活动始终，孩子们在游戏中感知方位，在游戏中将方位的表征变成了自然的游戏需要。

中班

1 有趣的分类

活动设计：余姚市阳明街道第三幼儿园　张　铁

设计思路

一、教学分析

分类是指将一组事物按照特定的标准加以区分，并进行归类的过程。儿童在许多情况下都会用到分类，比如将不同形状的积木区分摆放，将生活中的物品按照不同的用途进行归类摆放。分类是观察和比较过程的延伸和应用，也是贯串幼儿整个认识周围环境过程中的一种认知能力。“有趣的分类”是让幼儿掌握分类的方法，让幼儿学看分类标记，在一维分类的基础上，尝试按物体的特征进行二维分类。本活动以故事绘本展开，通过故事中的情节激发幼儿的学习兴趣，在动手操作中感知和熟悉分类的过程，引导幼儿思考从不同角度对物体进行比较和区分，提高幼儿的观察能力和思维能力，使他们能更敏锐地、多角度地去思考事物的属性。

二、学情分析

在幼儿的生活中充满了感知分类经验的活动情境，比如：把玩具分类归放整齐；娃娃家厨房里的餐具摆放整齐；点心店里的点心和标牌对应；把散步搜集回来的落叶分类。分类与生活有着密切的关系，这些自然的活动情境可以引发幼儿对于分类的思考，并加以应用。

活动中以绘本故事《豆豆的房间》为线索展开，激发幼儿学习的兴趣和积极探索的热情。活动中第一个环节通过豆豆凌乱的房间，帮助豆豆整理凌乱的衣柜开始，尝试将物品的相同点和不同点找出来，按照物品的类别进行分类。第二个环节通过动手操作整理豆豆的鞋柜，学习按照分类标准进行分类，知道分类的标准不同，分类的结果也不同。第三个环节中，通过足球队队员分类的操作游戏，学看分类标记，并尝试二维分类，延伸学习数学中的交集。通过分类活动，可以让幼儿从不同的角度对物体进行比较和区别，发展其相关的数学思维能力。

活动目标

1. 会看分类标记，尝试在按物体的某一特征进行分类的基础上，学习按物体的二维特征进行分类。

2. 学习积累各种分类方法的经验，在观察比较中提高思维的正确性、敏捷性。

3. 了解生活中的分类，知道分类使人们的生活更加有序、整洁、方便。

活动准备

1. 经验准备：幼儿已经掌握了一维分类的相关方法，有去过水果店、超市等地方的经历。

2. 物质准备：PPT课件、幼儿操作材料人手1份。

活动过程

一、整理衣柜，初步尝试分类

1. 提问：

（1）小朋友们，你们瞧，发生什么事了？（豆豆的房间太脏了，妈妈在叫豆豆起床，让他整理房间）

（2）先从哪里开始整理呢？看到凌乱的衣柜，妈妈说：先把你的衣柜重新整理一下吧！

（3）豆豆开始整理衣柜了，该怎么整理呢？他会把什么和什么放在一起？（短袖和短袖、内裤和内裤、背心和背心、长袖和长袖、短裤和短裤、围巾和围巾、袜子和袜子、毛衣和毛衣）

2. 教师小结：原来衣柜里可以放许多的衣物，小朋友们发现它们可以分成不同的种类，有背心类、长裤类、短裤类等，按照这样一类一类划分，衣柜就会变得干净又整齐。

3. 继续提问：整理完衣柜，豆豆又开始整理玩具柜，瞧，地上的玩具堆得满地都是，小朋友们，你们能帮他分类摆放吗？（动物玩具类、交通工具玩具类、球类）

4. 教师小结：是的，把小熊、小狗、小兔放在一起，它们都属于动物玩具类；把飞机、船、汽车放在一起，它们都属于交通工具玩具类；把羽毛球、篮球、足球放在一起，它们属于球类玩具。像这样把物品的相同点和不同点找出来，按照物品的类别进行分类，并起一个新名字，这是分类的一种方法。

设计意图

借助绘本故事，创设幼儿生活中熟悉的场景。衣服和玩具都是幼儿生活中常见的物品，通过观察衣服的特征，根据衣服的不同种类进行分类，在这个环节中，借助幼儿已有的生活经验，引导幼儿关注衣服的特点。在活动中，有些幼儿穿的是长裤，有些幼儿穿的是短裙，也可以及时引导幼儿根据自己穿的衣服现场分类，玩具更是幼儿喜欢的东西，让幼儿自己主动去发现和区分玩具种类的不同，并根据玩具的种类进行分类，起一个新的名字，初步掌握分类的方法。

二、整理鞋柜，尝试按照分类标准进行分类

1. 教师提问：

（1）整理好衣柜，豆豆又来到客厅，看到客厅的鞋子乱七八糟，开始整理鞋柜，小朋友们，这些鞋子又该怎么整理呢？

（2）在桌子上每人都有一块操作板，请你们动动脑筋，仔细观察，把鞋子进行分类整理。等会来告诉我，你是怎么整理的？

2. 幼儿操作，教师巡回指导。

3. 集体验证。

师：你是怎么分的？（拖鞋/不是拖鞋——室内/室外；爸爸妈妈——按性别分类；红色黑色——按颜色分类；冬天夏天——按季节分类）

按照幼儿的不同分类方法，依次出示PPT课件，集体验证。

4. 教师小结：原来有这么多种分类方法，瞧，分类的标准不一样，分类的结果也不一样。

设计意图

当幼儿已经具备了根据物体的属性特征进行分类的能力之后，教师就可以鼓励幼儿对更复杂的物品进行分类和比较，帮助幼儿去发现和感知同样一组物体是可以按照不同标准进行分类，如在鞋子分类整理中，幼儿根据颜色、款式、季节等多种属性进行分类，使幼儿能更敏锐地、多角度地去思考物体的属性和分类标准。

三、巩固运用，看标记进行分类

1. 师：豆豆整理好鞋柜外出散步，在操场上遇到了一群准备踢足球的小朋友要分成两组队伍，这次他会怎么分类呢？

2. 师：瞧，这里有一张表格（出示二次分类表），你能看懂吗？（出示PPT课件），这些标志是什么意思呢？它告诉我们要怎么分类，分几类，怎么分？（请幼儿来说一说）

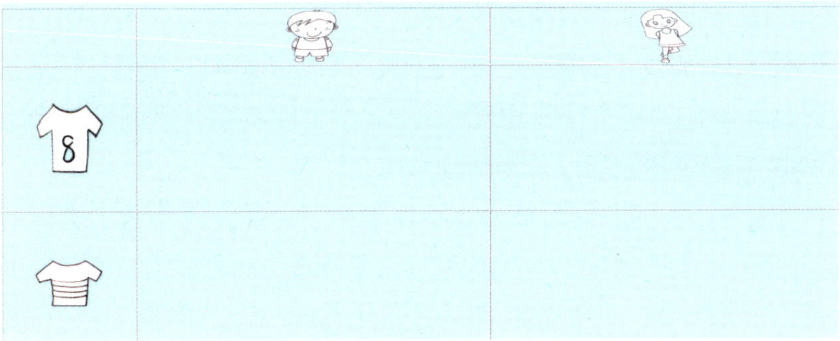

图2-1-1

（请幼儿观察表格，发现男孩和女孩、数字衣服和条纹衣服的标记，并读懂标志的意思，知道这个标记是条纹衣服和数字衣服，这个标记是男孩和女孩，根据标记进行分类，比如第一个格子中左边是数字衣服，上面是男孩子标记，那么应该要放穿数字衣服的男孩子，以此类推。）

3. 师：小朋友们，你们会分类了吗？

4. 师：来看一看，第一个小朋友，她应该放在哪个格子里呢？为什么？（为什么不放在这里呢？）

5. 师：小朋友们，现在你们都会分类了吗？记住要看清楚标记再分哦。在你们的桌子上有一块操作板，每张桌子4个小朋友，现在请你们去分一分吧。

图2-1-2

6. 幼儿操作，教师巡回指导。

7. 师：你们是怎么分的？请你们和旁边的小朋友互相交换检查吧。现在我们自己也来检查一遍，你们分得对不对呢？

8. 集体验证：这3个小朋友应该站到哪几个格子里呢，我们一起来看一看，这2个小朋友又该站到哪个格子里呢？还有4个小朋友呢？你们分对了吗？没有分对的小朋友，现在请你们赶紧调整过来哦。

9. 巩固提升：小朋友们可真棒，不仅学会了分类，还会看二类标记进行更难的分类，但是刚才还是有些小朋友因为没有看清楚标记放错了格子，现在我再来考考你们怎么样？瞧，你们看到有什么变化？咦，标记变了，标记一变，格子里的男孩和女孩还能留在原来的格子里吗？有小朋友说不能留了，那应该怎么分呢？现在请你们进行新的分类，这次大家要看仔细标志再分哦。

（在这次操作中，表格内的标记发生了变化，请幼儿观察发现，根据新的标记进行新的分类，巩固提升分类的能力）

10. 二次验证（这次你们分对了吗？请把你们的操作板给旁边的小朋友，再次互相检查，我们自己也再来检查一下，教师操作PPT课件，集体互相验证）

11. 师：这次你们分对了吗？哇，太棒了，掌声送给你们。

12. 教师小结：小朋友们，分类时一定要仔细看清楚分类标记，并读懂标记的意思，然后再根据分类标记的要求进行分类。

图2-1-3

设计意图

幼儿跟着故事的线索再次进行分类。对于中班的幼儿来说，要理解分类的多样性并不容易，因为这要求幼儿能够发现一个物体的不同特征。在设计这个环节时，教师利用情境活动帮助幼儿去感知和认识物体的多样性，用“人物分类”的足球队队员分类游戏，初步尝试学看分类标记，并读懂分类标记的意思，根据分类的标记进行分类。在操作中，为了能让幼儿掌握按分类标记分类的能力，教师安排进行二次操作，通过变化分类标记的位置，看看幼儿是否真正掌握了二维分类，仔细去观察足球队人员的属性特征，通过PPT课件的操作，提供给幼儿一个清晰的示范，发展幼儿的观察能力，进一步掌握分类方法。

四、活动延伸

1. 师：在足球比赛的时候，这个穿条纹裙子的女孩摔了一跤，又重新换了一件衣服。小朋友们，你们瞧，这件衣服有什么不一样吗？她应该去哪一队呢？（幼儿回答）

2. 师：有些小朋友认为这个小女孩应该去数字队，有些小朋友认为她应该去条纹队，那么她到底站在哪里比较合适呢？

图2-1-4

设计意图

最后一个环节是本次活动的亮点，通过情境中女孩子摔了一跤，引出新的衣服，而这件新的衣服既有数字，又有条纹，那么她应该站到哪里去呢？幼儿的兴趣被激发，整个活动在讨论和思考中结束，有些幼儿说应该去条纹队，有些幼儿说应该去数字队，新的碰撞激起了幼儿对答案的好奇心，也激发了幼儿对数学活动的兴趣，为以后关于“交集”的学习打下了基础。

2 建筑师

活动设计：余姚市姚北新城实验幼儿园　薛雅文

设计思路

一、教学分析

《学前儿童数学学习与发展核心经验》一书中指出，4~5岁幼儿要学会手口一致地进行点数实物后说出总数，即具有最初的数群概念。还要求幼儿能分辨和比较数的大小、数量的多少，能认识前后数序。幼儿的日常生活与数、量密不可分，他们对物体量的认识主要是通过感官的感知，为了让幼儿更好地体验和理解数词和集合数量之间的关系，更清楚地分辨、比较数量的多少与数的大小，教师将手口一致点数6~10、比较6~10的数目大小和感知数序以操作的形式层层递进，逐步渗透到活动当中。让幼儿在探索中学习，在动手操作中愉快地感知数序，更直观地比较数的大小。

二、学情分析

中班上学期的幼儿一般能手口一致点数5以内的数并说出总数。但对于点数6~10的目标一部分幼儿还无法达成。在比较数的大小时，也只是一种机械记忆，对于7为什么比6大还说不出理由，这说明幼儿并没有真正理解数的含义。中班幼儿还是以具体形象思维为主，通过实物的感知可以更好地帮助幼儿理解数概念，因此教师用具象的乐高教具，通过数高楼→造高楼→比高楼等操作环节，帮助幼儿理解抽象的数概念。

活动目标

1. 能手口一致地进行点数，并学会用“添上”和“去掉”的方法快速准确地盖出高楼。

2. 通过“造高楼”的游戏，感知楼层高低与数字大小的关系。

活动准备

1. 幼儿操作材料：贴有数字6、7、9、10的白板人手1份；贴有8的“楼房地基”若干；5幢8层高的楼若干。

2. 教师操作材料：5幢8层高的楼、数字卡片6~10、遮挡卡、红色箭头指示条各1份；乐高积木若干；示范操作板1份；四色奖励球若干。

活动过程

一、一起造高楼

1. 幼儿点数楼层。

师：小朋友们，请你们看看自己的面前有几幢楼？都是几层呢？请你们选一幢数一数。

2. 总结点数方法。

师：有几层呢？你们的答案都一样吗？我请一位小朋友和大家分享一下，他是怎么数的。

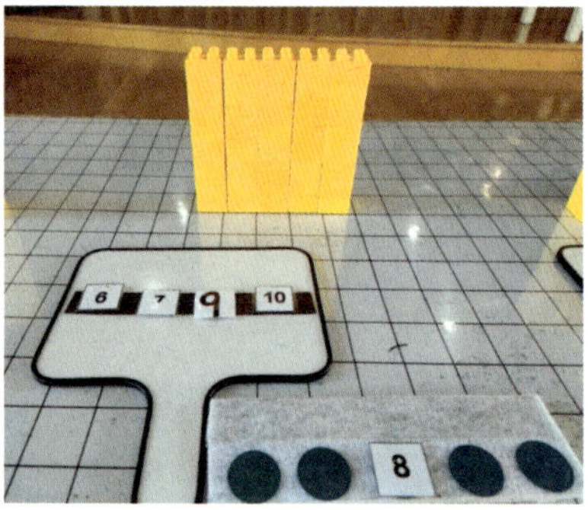

图2-2-1

小结：没错，我们可以从最下面一层开始，一层一层指着往上数，我们一起再试一次。没错，这是一幢8层高的楼。

师：那这些楼都一样高吗？都是几层？没错，它们都是8层，一样高。

师：你们面前还有一块贴着“8”的底板，请你们将一幢楼放在底板上，想一想应该放在什么位置，为什么？

设计意图

此环节我们利用乐高这一材料，运用同伴示范和教师小结这两种教学方法帮助幼儿学习手口一致地点数，为后续环节打下基础。同时，也在看一看、比一比、放一放的过程中，让幼儿学习利用参照物比较其余物体量的多少，并能在操作中了解数字可以用来表示相应的物体数量。

3. 幼儿造7~10层高的楼。

（1）教师出示“7”和“9”。

师：孩子们，那你们认识这两个数吗？分别是什么？“7”和“9”是“8”的好朋友，老师把它们贴在“8”的两边，请你们也和老师一样把它们贴到正确的位置上吧。贴好的楼房就不动了。

（2）幼儿盖7层和9层楼。

师：现在我想请你们想一想，有没有什么办法可以把8层变成7层呢？请你们再选一幢楼拿过来试试看。

个别幼儿分享方法，教师小结。

师：原来8层去掉1层就是7层，这个方法比我们一层一层地盖要快很多。你们都盖对了吗？自己再数一数，已经对了的小朋友把它送到底板上“7”对应的地方。

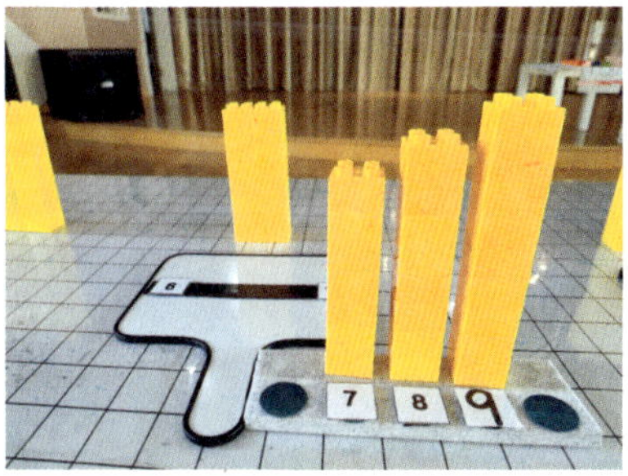

图2-2-2

师：那现在我要9层楼的话，要怎么才能快速盖好呢？再拿一幢8层楼试一试吧！

小结：8层添上1层就是9层。这个方法是最快的。

设计意图

此环节通过盖楼让幼儿将数字和它对应的量之间建立关联，从具体形象的数量逐渐过渡到抽象的数字符号。幼儿也在点数的过程中得出“8层去掉1层就是7层”和“8层添上1层就是9层”这一结论，让幼儿逐步建立数量关系。

（3）幼儿盖6层和10层楼。

师：我这里还有2个数，它们是谁？那它们应该放在哪里呢？“6”是“7”的好朋友，“10”是“9”的好朋友，也请你们放好。这次你们可以用刚刚学的“去掉”和“添上”的办法，快速地盖出6层和10层楼吗？一起来试一试吧。

个别幼儿展示操作方法，教师小结。

师：原来8层去掉2层就是6层，8层添上2层就是10层。

师：小朋友们，请你们看一看自己盖好的这一排楼，你们发现了什么？

图2-2-3

图2-2-4

小结：我们的楼房从6层这一幢开始，越来越高。

设计意图

此环节在上一环节的基础上，教师要求幼儿在动手操作的基础上能准确地用数学语言“8层去掉2层就是6层，8层添上2层就是10层”来表述自己的操作过程。同时，让幼儿在验证过程中得出楼房一幢比一幢高的结论。

二、比较数的大小

师：这一排楼房里，最高的是哪一幢楼呢？这几个数里最大的数是几呢？为什么它是最大的？

师：6、7、8、9、10里面哪个数最小呢？为什么？

小结：原来我们搭建的楼房可以帮助我们知道6~10这几个数里面哪个数大哪个数小。楼房越高，对应的数越大；楼房越矮，对应的数越小。

图2-2-5

师：那我把楼房全部遮住，请你们告诉我

“6和7”哪个数大？（教师操作楼房遮挡卡进行验证）为什么？

用同样的方法比较“7和8”“8和9”。

设计意图

此环节引导幼儿通过搭建的楼房的高矮来辨别对应数的大小，通过实物去理解数概念有助于幼儿更好地从具象思维转向抽象思维的发展。教师通过“为什么这个数字它是这里最大的？或是最小的？”等问题去引导幼儿发现楼房的高低和数字大小的关系，这一环节很好地达成了本活动的重点目标。抽取式的遮挡卡也是本环节的亮点，排除了其余楼房的干扰，更直观地帮助幼儿比较出两个数之间的大小。反复多次的练习比较，可以帮助幼儿不断建立楼房与数字之间的联系，直至真正意义上理解数的大小。

三、幼儿游戏

1. 数字比一比。

（1）教师讲解游戏规则：接下来我们要开始比赛啦！一会需要用到你们面前的翻板，第一关我们先一起挑战，了解一下游戏规则。第一关的问题是6和8哪个数比较大？把大的这个数贴在老师的磁条上。

幼儿说出原因并集体验证结果。

（2）比较“6和9”。

师：请你们比一比，“6和9”谁比较大？

图2-2-6

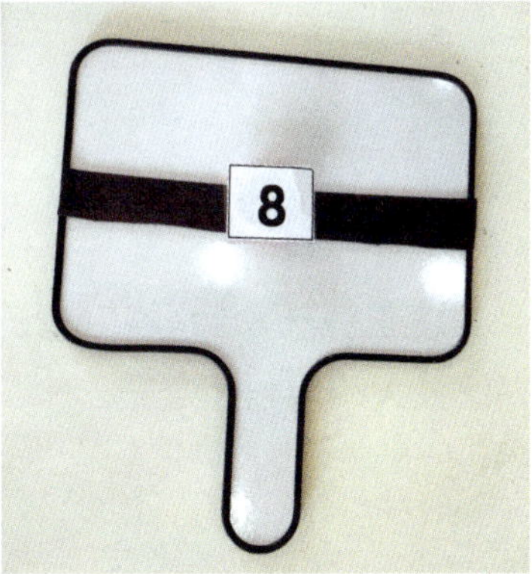

图2-2-7

2. 数字找一找。

师：现在游戏难度升级啦！需要找的可不止一个数，请大家听清楚问题。

（1）比8大的数有几个，分别是哪些？你们找好以后举起来给老师看，答对的小朋友有奖励。

（2）现在请你们找出比7大的数贴在操作板上。（请幼儿上前验证并奖励全对的小组）

（3）现在请你们找到比6大的数字贴到操作板上。

（4）再找找比8小的数字。

3. 得分比一比。

师：我们现在来看一看每一组的得分，最少的一组有几个球？那旁边这一组你们可以用怎样的方法快速数出来呢？没错，“5”接着往下数1个就是“6”。那这几个数里，哪个数最大呢？

图2-2-8

设计意图

为了巩固和提升幼儿比较数的大小的能力，此环节从造楼房的情境中脱离出来，直接转换到数字本身，通过举数字卡片的方式，从一开始的两数比较到后来的5个数中比几大的数字有几个，分别是哪几个数字，这个环节的设计层层递进，对于中班幼儿是有思维挑战的。在点数奖励球的过程中，再次复习了点数的方法，进行了数的比较，同时还渗透了接着往下数的方法。

四、活动延伸

师：老师这里有一个数，它是几？（数字5）那现在请你们看看自己身上的数字卡片，比我大的请跟我走吧。

设计意图

幼儿数学经验的形成不是一蹴而就的，更不是在一个活动中就能快速学会的。在幼儿掌握6~10这几个数的大小关系的基础上，教师出示数字5，请身上贴有数字卡片的幼儿再一次进行了数的比较，在比一比、说一说的愉快氛围中结束本次活动。

3 数数小达人

活动设计：余姚市凤山街道中心幼儿园　茅云理禾

设计思路

一、教学分析

《学前儿童数学学习与发展核心经验》一书中指出：计数活动是幼儿数概念形成和发展的一个重要方面，标志着幼儿对数的实际意义的理解程度。计数能力是幼儿建构非正式算式的基础，是理解数量概念的必要条件。现如今大部分幼儿都能进行“1、2、3、4……”的数数，但多数都是机械性的唱数，并未真正理解数与量的对应关系以及计数的内在规律。因此，本次活动将重点引导幼儿学习顺数和倒数两种计数方法，难点是运用顺数和倒数的数数方法找到区间，促进幼儿数学思维的发展。

二、学情分析

中班上学期的幼儿已经开始理解数的实际意义，虽然大部分幼儿已经能够准确说出1~10的数字甚至更多，但在数数过程中只是“唱数”，并不理解数数的规律。考虑到中班幼儿的学习方式仍以具体形象思维为主，因此在教学活动中教师借助PPT课件、实物操作等方式，帮助幼儿理解顺数和倒数的内在规律，培养幼儿的数学思维。

活动目标

1. 知道什么是顺数、倒数，掌握顺数和倒数的数数方法。

2. 运用顺数和倒数的数数方法解决问题，对生活中运用顺数、倒数的事例感兴趣。

活动准备

1. 幼儿操作材料：每人10张点点卡片；操作板和手持板若干。
2. 教师操作材料：PPT课件。

活动过程

一、数卡片

师：小朋友们，今天老师带来了一些卡片，请你们把放在箩筐里的卡片拿出来，仔细地看一看、数一数，一共有几张？

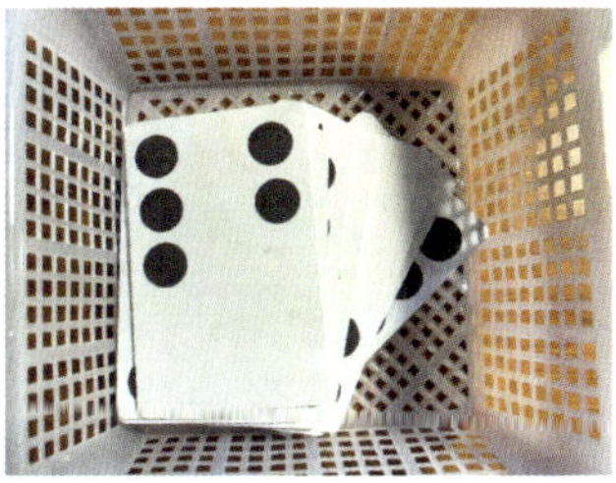

图2-3-1

设计意图

在熟练运用理解计数的基础上为接下来认识顺数、倒数的数数方法做铺垫。

二、初步感知顺数和倒数

1. 排队的方法。

（1）师：这些卡片上都有什么呢？

（2）师：桌子上有一块操作板，请小朋友们帮帮忙，把这些卡片放在操作板上排成长长的一队吧！不过卡片们是有要求的：它们喜欢有顺序地排队。

（3）幼儿操作。

（4）师：有谁愿意上来分享自己的排队方法？你是用什么办法来帮助卡片们排队的？

（5）幼儿介绍排队方法。

（6）师：老师也帮助这些卡片排队了，我们一起来看一看，老师是怎么排的呢？

小结：我们可以按照卡片上点的数量从少到多的方法进行排队，也可以按照点的数量从多到少排队。

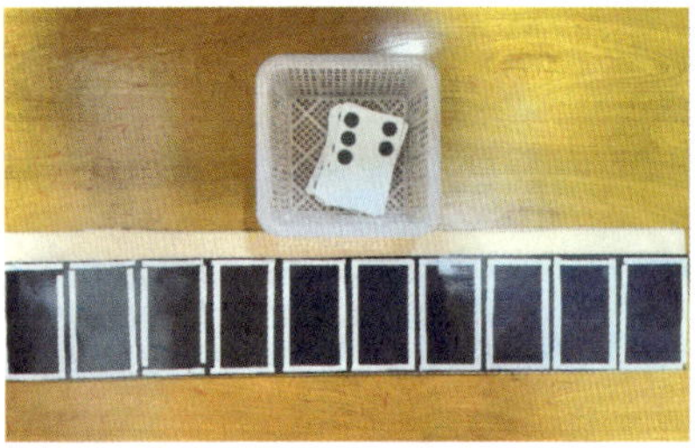

图2-3-2

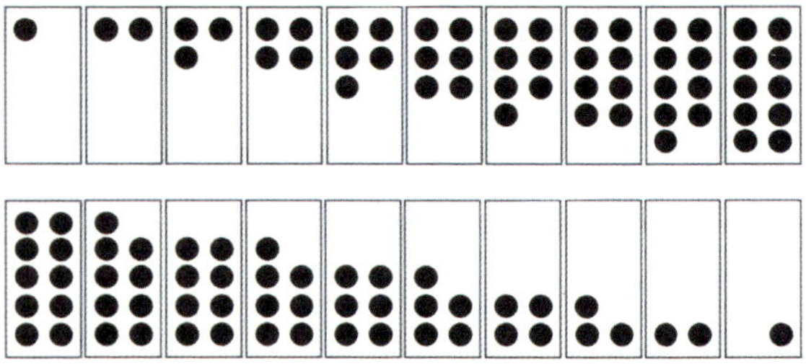

图2-3-3

设计意图

考虑到中班幼儿的思维以具体形象思维为主，教师通过操作、观看PPT课件的方法直观地向幼儿呈现了卡片上点的数量由少到多、由多到少这两种变化，帮助幼儿发现顺数和倒数的内在规律。

2. 认识顺数和倒数

（1）师：哇！又来了一个新朋友。你们瞧，它在哪里？

（2）师：那该怎么数呢？为什么你是这样数的？

小结：红箭头的方向朝向有10个点的卡片，数数的时候点的数量由少变多，我们把这种数数方法叫作顺数，我们一起沿着红箭头用顺数的方法数一数吧！

（3）师：这时候又来了一个绿箭头，它的箭头朝向哪里？又该怎么数呢？

小结：绿箭头的方向朝向有1个点的卡片，数数的时候点的数量由多变少，我们把这种数数方法叫作倒数。现在，我们沿着绿箭头用倒数的方法数一数吧！

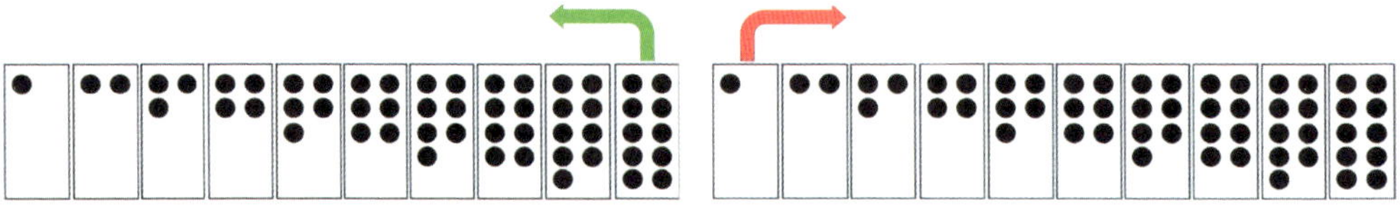

图2-3-4

设计意图

通过红箭头、绿箭头这两个辅助工具帮助幼儿确定数数的起点，在数数的过程中理解顺数、倒数的内在规律，再沿着箭头方向数数，加深对顺数和倒数的印象。

三、巩固顺数和倒数

1. 箭头在哪里？

（1）师：这些箭头很调皮，它们一会儿到这儿一会儿到那儿，我们一起看看，现在它在哪里？

（2）师：红箭头在哪里？我们该用哪种数数方法来数呢？谁愿意来数一数？

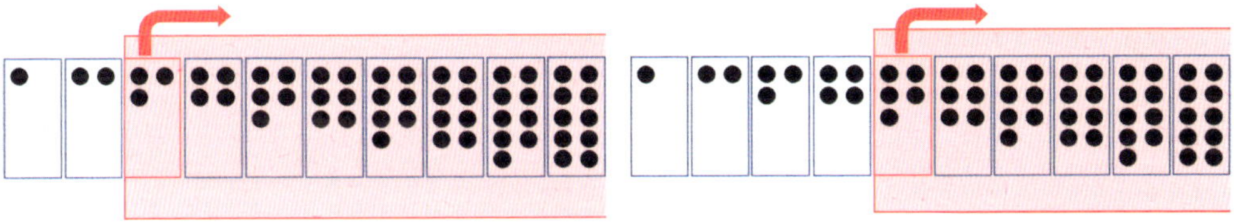

图2-3-5

（3）师：绿箭头在哪里？这该怎么数？要从哪里开始数数呢？

小结：箭头所在的地方代表着这次数数的起点，我们在数数前要先找到起点，再确定顺数还是倒数。

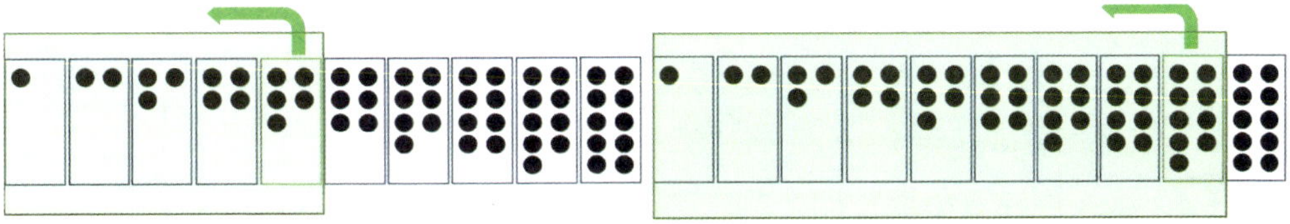

图2-3-6

2. 同伴合作

（1）师：小朋友们都太厉害了，不管是顺数和倒数都数出来了。那现在请你们仔细看看，红箭头在哪里？绿箭头在哪里？这两个颜色的箭头同时出现时该怎么数呢？谁愿意来试试看？

（2）师：这一次出现了两个箭头，那我们请两个小朋友一起来数一数。你们想从哪个箭头开始数？

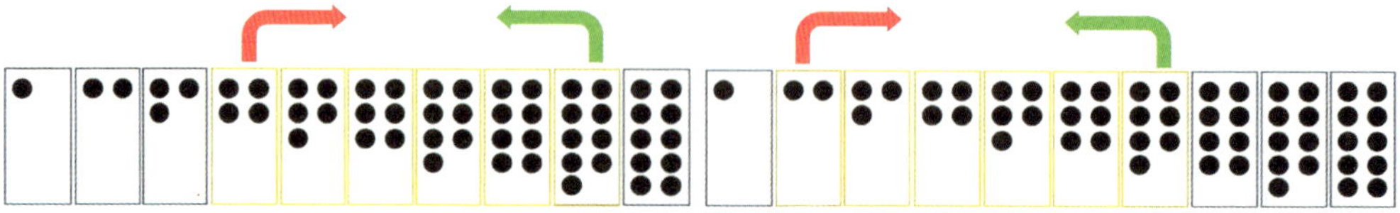

图2-3-7

设计意图　通过改变红箭头和绿箭头的起点，打破幼儿常态化的从“1”开始顺数或从“10”开始倒数的机械无意义的唱数。此环节能够检验出幼儿是否真正掌握顺数和倒数的数数方法。

四、顺数倒数大比武

1．寻找点点卡。

（1）师：小朋友们都已经学会顺数倒数的本领了，真厉害！现在箭头们想找几张卡片，你们愿意帮助它们吗？

（2）师：箭头说，它想和比“2”多、比“4”少的点点卡片做朋友，这该怎么找呢？

（3）师：比“2”多的点点卡片有哪些？比“4”少的点点卡片有哪些？

小结：比“2”多的点点卡片是“3、4、5……10”，比4少的点点卡片有“3、2、1”，但既比2多又比4少的只有“3”。

（4）师：现在请小朋友们找到比“4”多、比“7”少的点点卡片。

（5）师：现在我们来比赛吧，看谁能最快找到比“4”多的卡片！

（6）师：比“7”少的卡片有哪些？看哪个小朋友能最先找到！

（7）师：那你们再想一想，比“4”多又比“7”少的卡片是谁呢？有几张？

小结：比“4”多的点点卡片有“5、6、7……10”，比4少的点点卡片有“3、2、1”，但既比“4”多又比“7”少的只有“5”和“6”。

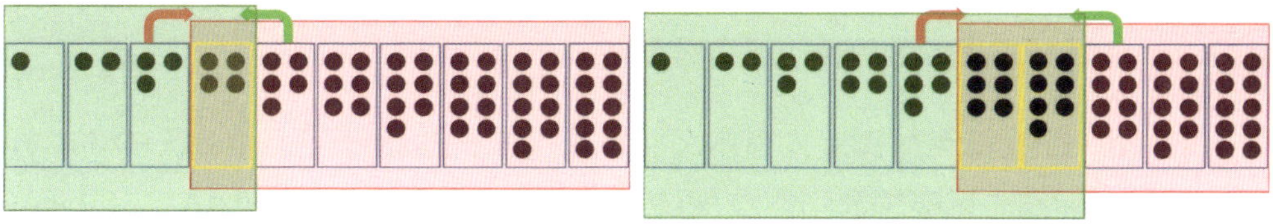

图2-3-8

2. 幼儿操作

师：现在请小朋友们用老师刚才的办法来找一找箭头们的好朋友吧！现在请小朋友们把操作板上的卡片调整为顺数的排序方式。每个小朋友的椅子袋里都放着一块小牌子，如果你找到卡片了，就请你把卡片放在黑色的磁力条上，再把牌子举起来。

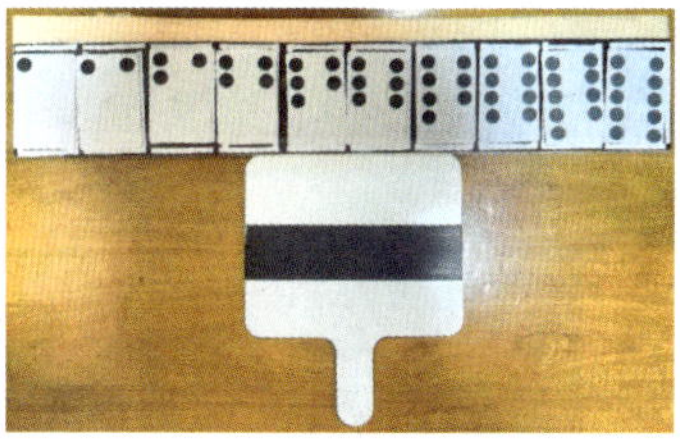

图2-3-9

（1）请找出比3多，比5少的点点卡片。

（2）请找出比5多，比8少的点点卡片。

（3）请幼儿分享找到点点卡片的过程和方法。

小结：小朋友们真是太厉害了，不但学会了顺数和倒数，还能用顺数和倒数的方法找到卡片！

设计意图

通过运用顺数和倒数寻找区间的方法锻炼幼儿的数学思维，在解决实际问题的过程中让幼儿能够熟练运用顺数和倒数的本领。

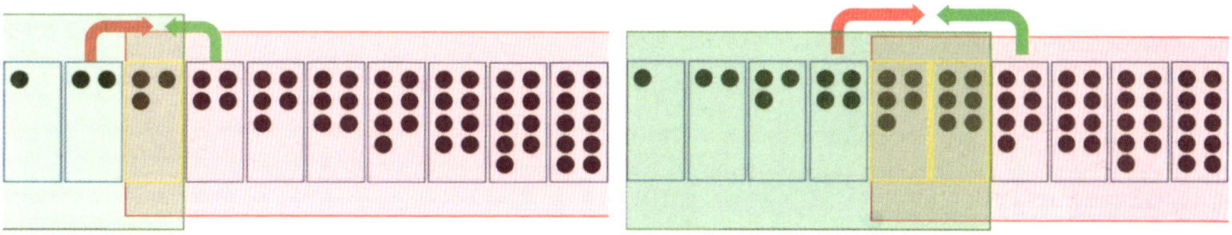

图2-3-10

五、生活中的顺数和倒数

1. 师：顺数和倒数真是太有意思了，小朋友们也很能干，用今天的新本领解决了很多问题。其实顺数和倒数在我们的生活中也很常见，请小朋友来看两张图片。

2. 观看图片，讨论图片里运用了哪种数数方法。

小结：电梯上行的时候运用了顺数的数数方法，它能够帮助我们清楚地知道现在在几楼；红绿灯切换的时候运用了倒数的数数方法，它会提醒我们还有多久可以安全地过马路。

图2-3-11

图2-3-12

设计意图

计数方法的巩固不能脱离真实情境，必须紧密地融入幼儿的生活中。生活中也随处运用着顺数和倒数，通过让幼儿回忆已有经验、图片，将顺数、倒数与日常生活相联系，使数学思维更加生活化。

六、活动延伸

小朋友们，其实在我们的生活中还藏着很多的顺数和倒数，我们再找找看吧！

4 搭来搭“趣”

活动设计：余姚市凤山街道中心幼儿园　王淑薇

设计思路

一、教学分析

中班幼儿数概念发展的一个关键经验就是运用序的概念排出10以内的自然数列，而理解数列中数的顺序和数差关系，从根本上说是和“多一个”的概念联系在一起，数字4排在3的后面，是因为4比3多了1。因此，本次活动设置了两个重难点：一是能说出相邻数间“多1少1”的关系；二是通过“添1去1”的方法解决实际问题。

本活动选用幼儿喜欢的乐高玩具；通过感知→体验→拓展，以小小建筑师的身份参与楼房设计的挑战，充分调动幼儿的积极性和挑战欲，让幼儿在亲身体验和实际操作中快乐游戏，体验10以内自然数列中的数序和相邻数的数差关系。

二、学情分析

由于中班幼儿还未建立起和“序列化”相应的逻辑观念，因此中班幼儿一次只能比较2~3个连续数之间的数差。在面临按数列排序的问题时，中班幼儿一般是根据他们计数的顺序习惯而不是根据数差关系进行。比如，当问他们“为什么4要排在3的后面”的问题，他们往往难以回答或只能说“因为3的后面就是4”。因此，指导幼儿发展数序概念时，应把重点放在发现数与数之间的数差关系上。本次活动采用乐高搭建楼层的方式，帮助幼儿在实际操作中感知相邻数间“多1少1”的关系，并通过询问其“添1去1”的理由来进行检验，在改造楼层的游戏中鼓励幼儿用数学语言大胆地表达自己的改造方法，发展幼儿可逆性思维和多途径解决问题的能力。

活动目标

1. 感知7以内的数序，能在盖楼的情境中判断其中某一段连续数（如3、4、

5）之间的数差关系和顺序关系。

2. 能说出相邻数间“多1少1”的关系，通过“添1去1”的方法改造楼层。

活动准备

1. 幼儿操作材料：乐高积木人手若干；双面数字卡5张，一面红色数字（2～6），一面绿色数字（3～7）；卡槽人手1条；五格建筑基地；蓝色线1条。

2. 教师操作材料：用黄色乐高搭建好的1～7层楼房，其中5层楼红黄间隔；1～7的数字小标志、楼王小标志；3层亚克力展示架。

图2-4-1

活动过程

一、情境导入——整体感知7以内的数序

1. 创设情境，激发兴趣。

引导语：小朋友们，你们的家都住在几楼呀？这是老师家的建筑模型（出示5层楼的房子），大家数数看有几层？

（1）幼儿目测或点数，得出结果后教师贴上数字“5”。

（2）同时出示4层楼和6层楼的房子，依次放在5层楼的左边和右边。提问：这两幢楼有几层？你们是怎么看出来的？

小结：原来比5层少1层就是4层，比5层多1层就是6层。

（3）出示7层楼的房子。提问：能用刚才的方法，马上看出这幢楼有几层吗？

小结：原来比6层多1层就是7层。

2. 感知数序，做好铺垫。

（1）出示打乱顺序的1、2、3层房子，提问：你们能把它们按规律排一排吗？

（2）请1名幼儿上来排序，提问：为什么要这么排？

（3）提问：为什么2层的楼房要排在1层楼房的后面？为什么4层的楼房要排在3层楼房的后面？（引导幼儿说出数差关系，如：因为4比3多1。）

（4）小结：原来每一幢楼都比前面一幢多了1层，又比后面一幢少了1层。

图2-4-2

设计意图

中班幼儿按数序排列时往往是根据他们计数的顺序习惯，而不是根据数差关系（如连续数之间相差1）或相对关系（如4比3多1，同时又比5少1）来进行的。因此，如果直接给出数卡让幼儿排序，不便于幼儿比较。本环节通过给实物乐高楼房排序，能够更直观形象地帮助幼儿感知7以内的数序和数差关系，同时为后面的环节判断其中某一段连续数（如3、4、5）之间的数差关系和顺序关系做好铺垫。

二、动手搭建——感知7以内相邻数的数差关系

1. 出示卡片，初次搭建。

引导语：你们现在都发现了小区楼房的规律，小区的主人说想请大家一起来做建筑师搭建楼房，想不想试一试？

（1）讲解要求：在你们的桌子上有一条木槽，木槽喜欢待在它蓝色的家里，还有一副数字卡片。（出示红色数字卡片2）瞧！这是几？你们能像老师一样把它放在卡槽的这一端，稳稳地插进卡槽里吗？还有一些红色数字卡片，要请你们帮忙把它们按从小到大的顺序插进卡槽里。

（2）幼儿操作，教师整理操作台并检查排序情况：插对了吗？数一数检查一下。

（3）讲解下一步要求：在木槽前面还有5个建筑基地，要在里面干什么呢？没错，我们要造房子，用什么来造房子呢？造几层房子呢？对，大家需要在每一张卡片前面的基地里搭和数字卡片一样层数的楼房。注意，房子要牢牢地搭在建筑基地里，一排房子要整整齐齐，可不能东倒西歪哦！

（4）幼儿操作，教师巡回指导。

（5）交流：哇！你们都把房子牢牢地搭在了基地里，还和数字卡片一一对应，整整齐齐的，真是太棒了！你们都搭对了吗？你们是怎么看出来搭对了？搭好的建筑像什么呢？每幢楼之间相差了多少呢？

（6）小结：原来每幢楼之间都相差了一层，像一个楼梯一样，真有意思！

2. 翻转卡片，添上一层。

引导语：接下来，老师要来变一变，瞧！我轻轻地翻转第一张卡片，会发生什么呢？数字从红色变成了绿色。还发生了什么变化？数字从2变成了3，我再接着翻，把剩下的都翻完。

（1）提问：你们发现了什么？楼层和数字还一样吗？那怎么样才能让楼层和绿色数字一样多呢？请你们也来翻一翻、试一试吧！

（2）幼儿操作，教师巡回指导。

（3）提问：你们是怎么做的？2是怎么变成3的？对，2添上1是3。后面几幢楼我们一起来说一说！（引导幼儿边操作边说："2添上1是3，3添上1是4，……"）

（4）小结：原来给每一幢楼都添上1层就和绿色数字一样多了！

3. 再次翻转，去掉一层。

引导语：想不想再来翻一次？请大家将卡片再次翻转，让红色数字对着自己。

（1）提问：翻好了吗？这回又发生了什么？想一想，怎么样才能让楼层和红色数字一样多呢？动手试一试吧！看看你们的改造本领有多强！

（2）追问：这次你们是怎么做的？哦，要给每幢楼都去掉1层。可是老师这里还没改造好，谁能帮我变一变？你想帮我变成哪一幢？3是怎么变成2的？对，说得真好！3去掉1是2。还有几幢谁来帮我变一变？（引导幼儿边操作边说："3去掉1是2，4去掉1是3，……"）

图2-4-3

图2-4-4

（3）小结：原来通过“添上1和去掉1”的方法可以让两个只相差1的数变得一样多，谢谢你们帮小区改变楼层，完成建筑任务，小小建筑师们，给自己鼓鼓掌吧！

设计意图 本环节通过“变数卡”的游戏，让幼儿体验相邻数的数差关系。活动中教师引导幼儿边操作边说“2添上1是3，4去掉1是3，……”。通过两次翻转数字卡，让幼儿对相邻两数的数差关系有所认识，并学会用添1去1的方法使两数相等，发展幼儿可逆性思维和多途径解决问题的能力。

三、改造楼层——进一步体验7以内相邻数的数差关系

1. 想一想，改一改。

（1）提问：老师这里还有三幢房子，分别是4层、5层和6层，在这三幢房子里，有一幢是“楼王”（出示“楼王”标志）。楼王会是谁呢？“楼王”就是最中间最显眼的这幢！为了美观，小区的主人想把旁边的两幢楼盖得和中间的这幢“楼王”一样高，谁有办法帮帮他？

（2）请一名幼儿回答。

（3）提问：你能用刚才好听的话再说一说吗？

（4）小结：对，6去掉1是5，4添上1也是5。你们都能说出来吗？一起来说说看！

2. 说一说，搭一搭。

引导语：小小建筑师们，你们不仅会用“添1去1”的方法来改造楼层，还可以把自己的改造方法用好听的话大胆地说出来，真是太厉害了！告诉你们哦！你们桌上这么多幢房子里也有一幢“楼王”，它是最中心的4层，你们有什么办法把其他的房子都变得和4层的“楼王”一样高吗？

（1）提问：你们能用刚才好听的话说一说你们的方法吗？

（2）追问：说得真好！2添上2，6去掉2真的都是4吗？请你们动手试一试，看看你们刚才的想法对不对，我们一起验证一下。

图2-4-5

图2-4-6

设计意图

此环节是本次活动的难点及拓展环节，创设了“楼王”的情境，引导幼儿进一步体验相邻两数的数差关系，通过提问“怎样让旁边两幢房子和中间的‘楼王’一样高”，进而引导幼儿通过思考和操作发现，在4层上添上1层，在6层上去掉1层，都能和5层相等，并引导幼儿边操作边用数学语言说“4添上1是5，6去掉1是5，……”让幼儿从中体验相邻两数的数差关系。最后将相差1的改造，提升至相差2的改造，难度的提升不仅体现在数差的增加，而且需要先把思维方式说出来再进行操作，进一步启发幼儿用“添上”和“去掉”的方法对“数的形成”进行思考与应用。

5 造高楼

活动设计：余姚市姚北新城实验幼儿园　祝　佳

设计思路

一、教学分析

计数与儿童数学概念的发展有着密切的关系。《学前儿童数学学习与发展核心经验》一书中指出：当给一个集合增加或减少一些元素时，幼儿能够接着数或者倒着数，而不用重新点数所有元素。数学活动中材料的选择是非常重要的，怎样将身边随手可取的材料发挥它最大的教育价值，是我们所追求的目标。本次活动，我们从建构区选取了幼儿喜爱的乐高积木作为学具来进行教学，在造高楼的游戏过程中，帮助幼儿形象地理解和掌握“接着往下数”，同时减轻教师制作教具的压力，提升幼儿参与活动的积极性。

二、学情分析

中班幼儿还是以直观行动思维为主，需要亲身体验在操作探索中发现事物的特征。在数数过程中，我们发现幼儿常常不会把一个聚集在一起的数量通过目测所得的数看成一个集合，在此基础上接着数；而常常从“1”开始1个1个数，直到数完所有。这说明幼儿还没有掌握接着数的方法，因此我们设计了本次活动。

本次活动遵循“最大限度地支持和满足幼儿通过直接感知、实际操作和亲身体验获取经验的需要”来展开。第一个环节：搭一搭，数一数，通过10秒搭建高楼的游戏活动，让幼儿观察对比楼层，初步感知接着数的方法。第二个环节：加盖楼层，这是上一环节的递进，让幼儿尝试用接着数来更快速、准确地搭到指定楼层。第三个环节：帮助小动物入住，幼儿以从已知楼层接着数的方式找到小动物制定的楼层，通过此环节的操作，让幼儿知道离目标最近的那个数接着往下数的方法最快，是对以上两个环节的深入探究。第四个环节：装修房子，买材料，通过直接感知小集合并接着往下数，此环节是一个巩固运用的过程。最后是活动延伸：用接着数的方法来得出奖励球最多的小组，紧扣本次活动的主题，再一次潜移默化地巩固此次教学目标。

活动目标

1. 能把聚集在一起的物品看成一个集合，并学习接着往下数。
2. 在推测、操作中体验数学活动的乐趣，用数学的方式解决问题。

活动准备

1. 幼儿操作材料：每人1小筐乐高积木、楼层毛毡操作板人手1份；透明PVC管4根、4种颜色的奖励小球若干。

2. 教师操作材料：6~10的点数卡、数字牌、小动物贴纸。

活动过程

一、搭一搭，数一数

引导语：今天我们要用乐高积木来搭一幢高楼，请在规定的10秒时间内完成，听到叮声后开始，声音结束后停止，然后我们比一比看谁搭得高。

（1）师：我们来比比看，瞧，这幢楼你不数能看出来有几层吗？

（2）师：这幢楼有3层，那我们来比一比，比它高一点的那幢楼有几层？如果不一层一层地数你们有办法吗？

设计意图

此环节选取了建构区的乐高积木，这类材料在建构区随手可得并能激发幼儿的活动兴趣。通过搭高楼的比赛情境将幼儿带入教学活动中，通过小数量的直接感知和高矮楼层的对比，初步尝试接着往下数的方法。

二、加盖楼层

（1）师：瞧，这是一幢小动物的房子，一共有几层？你们不数能看出来吗？

（2）师：一幢房子不够住，我们每个人都给它们造一幢3层楼吧。

（3）师：小动物们说还需要更高的房子。请你们接着往上盖，盖到5层，全都盖对的小组可以获得奖励。

（4）师：我们要把3层楼盖到5层，可以从3层楼开始接着往下数3、4、5。

（5）师：5层楼盖好了，小动物说还不够呢，我们想要接着往上盖，盖到9层。我给每个小组放上一幢5层楼，你们自己检验一下，怎么数？（从5开始接着往下数5、6、7、8、9）

图2-5-1

图2-5-2

图2-5-3

设计意图

此环节是上一环节的推进，从能直接感知的小数量楼层3层到5层，再到掌握从上一次的楼层数接着往下数到9层；从幼儿自主操作到个别幼儿上来示范、小组集体验证、教师小结，用直观的方式感知从已经知晓的楼层接着往下数，这种方法比一层一层地数更加快捷且准确。

三、帮助小动物入住

1. 个别化演示。

（1）师：房子盖好了，小动物们来选自己喜欢的楼层了，小鸡想住在3层，谁来帮小鸡找到3层？

（2）师：小猪来了，它想住在4层，我们可以用什么方法快速帮助小猪入住？从小鸡的3楼开始接着往下数，数到4层。

图2-5-4

2. 幼儿操作。

（1）教师提问：

• 老师给你们每个人准备了一幢房子，会有哪些小动物来住新房呢？

• 这一次来的是小猪，它说它想住在5层，请你们帮它找到5层。

• 小猴子也来了，它想住在6层，请你们快速帮它找到楼层并且举起来给我看，我们可以怎样快速地数？

• 第三个来的是小羊，它想住在8层。

• 最后一个来的是小兔，它想住在10层。

图2-5-5

（2）教师小结：小兔想住的楼层，我可以从小猪这层开始接着往下数，也可以从小羊、小猴这层接着往下数，但我们发现离它最近的这层接着往下数是最快的方法。

设计意图

此环节可以巩固和提升幼儿接着往下数的能力，从给小动物造楼房到帮助小动物选择喜欢的楼层，在没有数字标注的楼层中找到下一个小动物的楼层需要有前一个已知楼层作为参照，通过已知楼层接着往下数到下一个小动物喜欢的楼层。此环节将幼儿自主操作与个别幼儿示范相结合，并且随着已知楼层的增多幼儿发现接着往下数的起始数字可以不同，并可以根据比较得出最快的起始数。

四、装修房子，买材料

（1）师：小动物们说他们已经买到了自己喜欢的房子，现在小动物们要去买材料装修一下。小鸡去买了石头，它买了几块呢？（7块）你们是怎么数的？有没有更快的方法？我们来看看，这一堆石头有几块，你们一眼能不能看出来？（4块）那我们能不能从4开始接着往下数呢？4，5，6，7。

（2）师：小鸡买了石头，小猴子买了油漆，小猴子买了几桶油漆呢？（8桶）请把数字卡片亮给我看。你们是怎么知道的？看一眼框里有几桶？（5桶）好，记住哦，这里不能再数了，我们从5接着往上数，5，6，7，8。（给最快的并且全部举对的小组奖励）

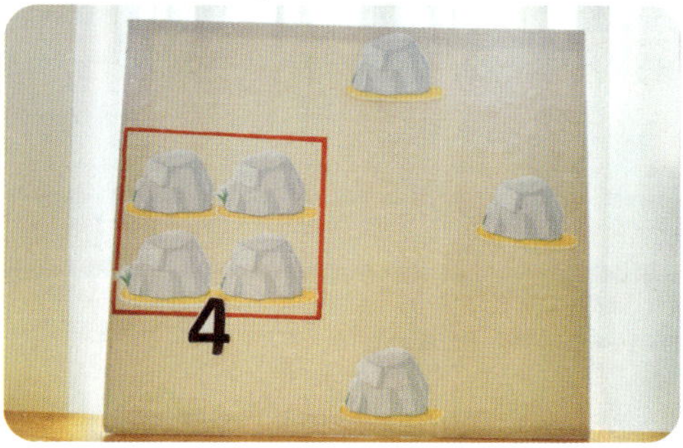

图2-5-6

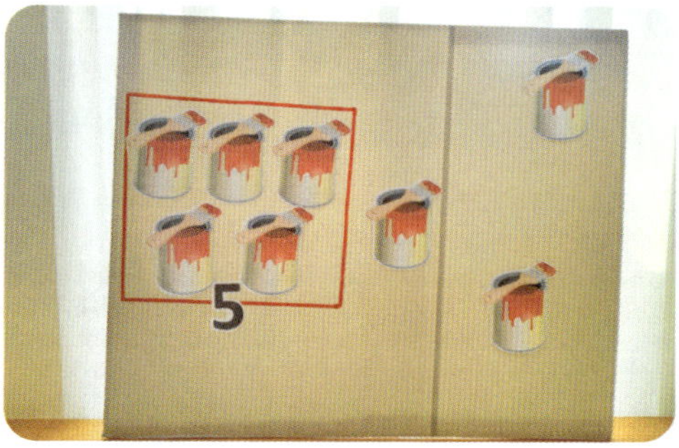

图2-5-7

图2-5-8

图2-5-9

（3）师：小猪买了碗，看看它买了几只碗？（9只）请把数字卡片亮给我看？你们是怎么数的？用刚才的方法，这里有5只，我们一起数，5，6，7，8，9。

设计意图

此环节通过小集合与分散的物品，让幼儿直接感知小集合物品数量，从该数接着往下数。通过抢答和亮数字卡片的形式使教学活动形式不断丰富，幼儿沉浸在游戏中并且感知当给一个集合增加一些元素时，可以通过接着数的方式来更快速地得出总数，而不用再重新点数所有元素。

五、活动延伸

用接着往下数的方法，让孩子们数数奖励的小彩球有多少个。

图2-5-10

设计意图

数学最终的意义是要回归于幼儿的生活，引导幼儿运用数学思维去面对生活情境中的问题。彩球奖励贯串在整个教学活动之中，在最后幼儿计数总量环节，让幼儿运用接着数的方式快速地得出总数，紧扣整个活动的主题。

6 和小猫做游戏

活动设计：余姚市凤山实验幼儿园　张乔叶

设计思路

一、教学分析

序数，就是用来表示集合中元素排列次序，用“第几”来确定在一个序列中的位置。序数在日常生活中随处可见，在电影院、高铁上、超市里；在幼儿园里，幼儿排队、游戏、做操时都会涉及序数。

本次活动重点解决两个问题：一是让幼儿感知序数具有方向性，“第一”不是固定不变的，必须先确定起始点才能确认其在序列中的位置。二是帮助幼儿厘清每个自然数都有双重性，既可以表示基数又可以表示序数。

二、学情分析

中班幼儿一般已经能够熟练地进行10以内的记忆计数和理解计数，为学习序数做好准备。教师从“我的小猫在哪里”发现序数的方向性，到“小猫躲起来”感知序数方向的可变性；再到将盒子“倒T形”的排列方式，增加序列（上下纵列），接着改变固定思维，将起始点置于中间，呈现上、左、右三个序列方向；最后根据序数找小猫，这时序列的方向性呈6个方向展开，最终解决活动的难点问题。

通过一次次地找小猫、躲小猫，不仅让幼儿从不同方向准确感知物体在序列中的位置并用序数词表达出来，更重要的是让中班幼儿初步感知基数和序数的区别，当用数字表示序列中的位置时，并不表示数量，它们的功能是表示一种新的名称，具体指明排列和次序。

活动目标

1. 学会从不同的方向识别物体在序列中的位置，理解序数的实际意义。
2. 尝试用序数和方位词表述小猫在哪个位置。
3. 在游戏中学会仔细观察，体验游戏的快乐。

活动准备

1. 幼儿操作材料：小盒子15个，不同花纹并带有幼儿名字的小猫人手1只，操作板若干。

2. 教师操作材料：大操作板、教师板书。

活动过程

一、活动导入，引题激趣

1. 交代游戏规则。

师：今天我们要和小猫来玩游戏，给小猫排排队。

2. 幼儿集体游戏。全体幼儿抱着小猫走进活动室，将小猫放到桌子上。

设计意图

此环节是为了激发幼儿的学习兴趣。孩子们的出场是从教室门口开始，他们抱着自己独有的小猫盒子进来，小朋友们的盒子放成一排，每个幼儿都会时刻注意自己的“猫”，很好地抓住了他们的关注点。

二、小猫排队，理解序数

1. 游戏：我的小猫在哪里。

（引导幼儿说出猫在序列中的位置）

师：谁来介绍一下你们的小猫在哪里？你们是怎么知道的？引导幼儿运用已有经验说出“我的小猫在……”。

图2-6-1

2. 巩固：改变数量，进一步理解猫在序列中的位置。

师：老师的小猫也想来跟小朋友们一起玩，老师把小猫放在这里，这次你们的小猫位置有没有发生变化，现在你们的小猫是第几只？

图2-6-2

3. 游戏：小猫躲起来。

（1）根据教师口令躲小猫，发现序数的方向性。

师：第2只小猫躲起来——谁是第2只小猫？还有吗？为什么你觉得这也是第2只小猫？

（2）根据幼儿的回答出示红、绿点方向。

教师小结：原来从不同方向数，第2只小猫有两只。

图2-6-3

（3）幼儿继续根据教师口令依次将对应的小猫找到。

4. 游戏：“老师的猫”在哪里。

（1）教师将自己的猫放到中间，引导幼儿发现唯一序数。

师：现在所有的小猫都不见了，只剩下老师的小猫。老师的小猫要换座位了，看看老师的小猫是第几只？

图2-6-4

（2）教师小结：不管是从红点开始数还是从绿点开始数，老师的小猫都在第8只。

设计意图

当第一次找“我的小猫在哪里”时，教师没有规定从哪个方向开始数，而是请幼儿自由数数，并说出自己的小猫的位置，同时通过数左右两端的小猫（第14只），知道小猫的总数一共有14只。当老师的小猫加入序列后，很明显小猫的位置发生了变化，此时，幼儿的学习会有两种表现：重新再数一遍和在原有序数上加1，且小猫的总数从14只变成15只。通过前面的游戏幼儿知道“要有顺序地数”，且感知到序数的方向性，并初步了解数的不同含义。当所有的小猫全部躲起来后，只留下最中间的“老师的小猫”，此时幼儿会发现无论从左侧和右侧数都是第8个，是“唯一序数”，为幼儿以后进入大班学习单双数后特殊序列的学习埋下伏笔。

三、小猫跳格子，理解序列多向

1．游戏：盒子叠叠高。

（1）根据教师的指令取相应盒子，教师将盒子往上叠。

师：从红点数第2个、第3个盒子，从绿点数第1个、第3个盒子。

（2）出示箭头，引导幼儿发现序列的变化。

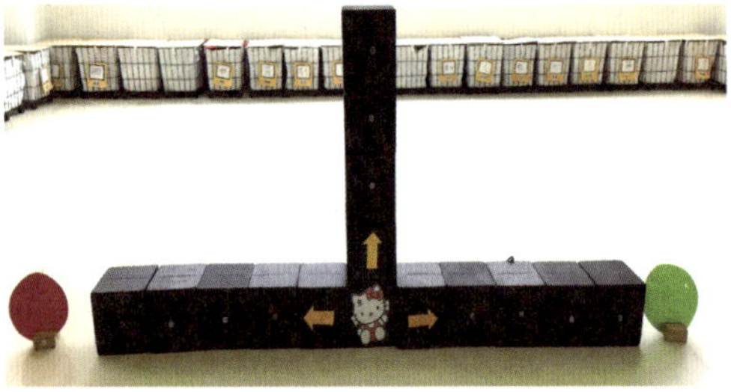

图2-6-5

师：从老师的小猫开始数，可以往哪些方向数？请个别幼儿将箭头贴在纸盒上，发现从“老师的小猫开始数有三个方向可以数”。

2．游戏：小猫跳格子。

（1）出示操作板，讲解操作方法。

（2）幼儿根据教师指令练习：从6个方向进行一维练习；根据指令进行多向性练习。

师：第1个格子的小猫你们找到了几只？

小结：原来从红点数有1只，从绿点数有1只，从上往下数有1只；从老师的小猫开始数有3只。总共有6只小猫。

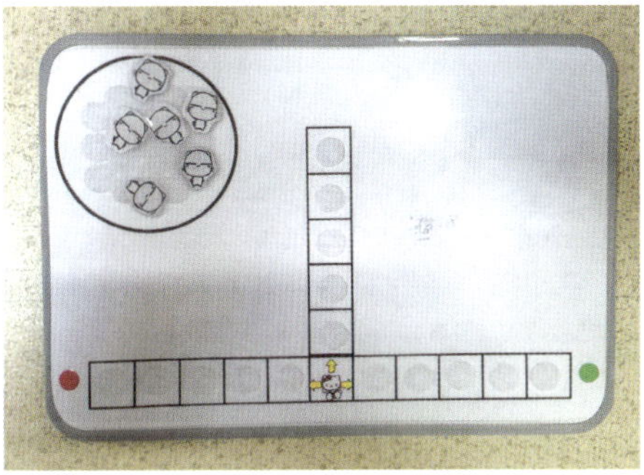
图2-6-6

图2-6-7

师：第2个格子会有几只小猫?

图2-6-8

师：第3个格子会有几只小猫?

小结：原来第3个格子只有3只小猫。

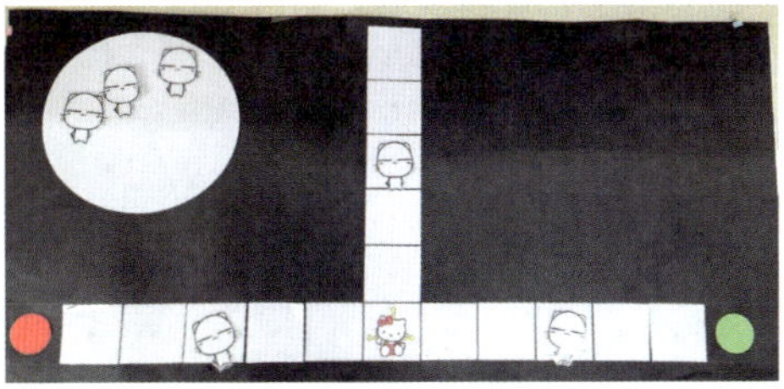
图2-6-9

设计意图

此环节是上一环节的推进。从横向维度多了一列纵向维度，可以看到是"倒T形"的盒子排列。教师以中间的小猫为起点数，可以往左、往右、往上三个方向发出指令。在幼儿的操作过程中，教师考虑到序数学习的层次性：先从6个方向进行一维练习，即在规定方向的情况下找小猫；再根据指令进行多向性练习，即不限定方向的情况下找第1个格子、第2个格子和第3个格子的小猫分别有几只。由于序列数量的特殊性，幼儿会发现第1个格子、第2个格子里都是6只小猫，而第三个格子只有3只小猫（唯一序数）。

四、活动延伸：认领盒子

你们还想和小猫玩游戏吗？请你们找到自己的小猫，抱着小猫再去教室里玩一玩吧！

7 购物小分队

活动设计：余姚市实验幼儿园教育集团　刘娜丹

设计思路

一、教学分析

在一日生活中，幼儿在排队或者游戏时都会有寻找自己的位置的经历。在活动时，教师也常常会说到第一、第二这样的字眼，因此对于幼儿来说，生活中他们对序数是经常接触的。根据中班幼儿的年龄特点，让幼儿通过动手、动口、动脑从而掌握序数的概念是很有必要的。

数学是有趣和好玩的，如何创设好玩的游戏情境、激发幼儿探究数学的兴趣并习得数学经验，是作为教师所要关注的重要问题。本次活动，教师巧妙地借助"纸箱"这一教具，变成一维的"火车"、二维的"货柜"，通过有趣的游戏不断吸引幼儿的眼球，从而循序渐进地揭示序数的奥秘。

二、学情分析

序数是表示集合中元素次序的数，是用自然数表示事物排列的次序，让幼儿回答"第几"的问题。认识序数要以认识基数为基础。中班下学期的幼儿通常已学习10以内的基数概念，为学习序数做好准备。

本次活动始终以"玩中学"的数学核心层层展开。第一个环节：报数游戏，让幼儿初步感知并形成序数的概念。第二个环节：单向数数，让幼儿感知理解从不同方向开始数，所处的位置也会发生变化。第三个环节：双向数数，重点借助以上两个环节的经验让幼儿尝试二维数数，感受序数的有趣。第四个环节：活动延伸，借助已学本领购买礼物，感受数学的用处。整个活动结合幼儿的学习特点，利用游戏的形式，帮助幼儿理解序数含义，形成从不同方向确定物体的排列次序和序数位置的思维方式，发展幼儿思维的灵活性，扩展思维空间。

活动目标

1. 能以不同方向为起点，认识10以内的序数。
2. 掌握序数词，会用“第几”准确地表示物体在序列中的位置。
3. 喜欢参与数学游戏，并从中获得快乐。

活动准备

1. 幼儿操作材料：火车头1个、火车箱子18个、火车票18张（上面标注序号如3-2，表示第几节车厢第几号座位）、购物券18张。

2. 教师操作材料：箭头3个、大夹子若干、礼物若干。

活动过程

一、报数游戏，感知序数

1. 幼儿围坐成半圆形，玩报数游戏。

师：小朋友们好，今天一共来了几个小朋友，我们来数一数。请问这18个小朋友你们数的时候第1个是谁？为什么？你是从哪边数到哪边？

（1）交流发现：原来你是从右边数到左边，所以他是第1个。

（2）教师追问：第1个只有他一个人吗？还可以是谁？

（3）小结：原来我们要确定谁是第1个，先要确定是从哪个方向开始数。

2. 教师出示箭头符号，认识符号。

师：这样吧，老师请一个符号来帮忙。你们认识它吗？你们在哪儿见到过？它可能表示什么意思？

（1）交流发现：今天的箭头符号（→）要告诉我们是从哪边开始数的。我把它这样放，这一次谁是第一个？为什么？

（2）交代任务：老师的箭头符号很调皮，变一变（←），这一次是从哪边到哪边？

师：第1个小朋友在哪里？上来和我拥抱一下。第18个小朋友和我点点头。第2个小朋友拍拍脑袋。第5个小朋友和我来握握手。看来你们已经学会看方向数数了，那老师可以带着你们去做游戏了！

（3）小结：我们要数清楚自己是第几个，先要找到起点，然后一个一个数。

设计意图　此环节通过“设疑”的方式引导幼儿明白“要知晓自己的位置首先要明确方向”，进而引出箭头符号做辅助，接着以游戏的形式展开学习，在不断变化方向的游戏情境下巩固幼儿对序数的概念认知。

二、单向数数，探索位置

1. 出示一列纸箱组合的火车（1个车头＋4节车厢，每个车厢有3个纸箱当座位）。

图2-7-1

师：这是我们的火车，这样长长的一节节车厢（用手比画），请问火车一共有几节车厢？第一节车厢在哪里？为什么？

（1）交流经验：因为它跟在火车头后面，所以它是第一节车厢。

（2）继续提问：车厢里有很多座位。第一节车厢的第一个座位在哪儿？

（3）交流小结：对，也是按照火车头的方向开始数的。

（4）交代任务：请问第二节车厢的第一个座位、第三节车厢的第一个座位、第四节车厢的第一个座位分别在哪儿？请你们指一指。

2. 教师出示车票，幼儿学习单向数数。

师：认识了车厢和座位，我们就要准备上火车了。看，我这里有一张火车票，你们谁能看懂？“3”代表第三节车厢，“2”代表第二个座位。连起来就是第三节车厢的第二个座位。那么请问这张火车票（出示一张新的车票）代表的是第几节车厢第几个座位？

3-2

图2-7-2

（1）对应火车票找座位：谁愿意先来上火车？你是怎么找的？先找是第几节车厢，再数数是第几个座位。找到以后，把车票贴在座位上面，然后在里面站好。先站好的小朋友可以和老师一起开火车哦！听清楚了吗？火车票就藏在小椅子背后，轻轻地撕下来，然后去找吧。

（2）集体验证：你们找到火车票对应的座位了吗？大家都找到了，太棒了！

大家轻轻地撕下车票回到座位上，我有新的任务要求了。这是一列神奇的火车，火车头可以调换方向，现在第一节车厢到了哪里？第一节车厢的一个座位在哪里？你们找对了吗？

图2-7-3

（3）继续游戏：小朋友们，你们的座位还是原来的那个吗？为什么？请先想一想你们的车票座位在哪里，想好的小朋友继续上火车贴好火车票并站好。

（4）再次检查：这次大家都找对了吗？我们相互检查。

（5）小结：车票虽然没有变，但是火车头的方向发生了变化，所以我们的座位也随之发生变化，一定要搞清楚是从哪里开始的。

（6）游戏：现在让我们轻轻地拿起箱子一起玩开火车的游戏吧。火车到站后请将火车的车厢取下，将箱子上画有爱心的一面朝上放，然后回到座位上把车票放在椅子下面。

设计意图

此环节是上一个环节的巩固，在了解序数初概念的基础上进行提升。通过有趣的火车引导幼儿进入游戏，先是以火车头的方向进行手口一致地数数，解决车厢、座位这两个数数的方法；然后通过出示车票，激发每个幼儿参与数学活动的兴趣，共同解读车票上的数字所包含的意思后进行游戏；最后在游戏中再次巩固幼儿对序数的理解，并再次调换方向进行再次游戏，不断提高幼儿对方向和数数的认知。

三、双向数数，体验二维

1. 认识层数和柜数

（1）提问：火车变成了一个大货柜。我们的货柜有几层？每一层有几个？第一层在哪里？（16个火车厢叠成三层）

图2-7-4

（2）交流小结：对，在我们的生活中，第一层可以在最下面，我们是从下往上数的。（出示箭头）一起来看看，箭头告诉我们第一层在哪里？这是第几层？是从哪儿到哪儿？原来箭头告诉我们，是从左边到右边，所以我们一定要学会看箭头。

（3）再次提问：第一层的第一个货柜在哪里？（先找第一层，在这一层里找第一个）

（4）教师示范：我们的超市货柜开张了，我们要在货柜上放礼物。我有一个礼物盒，它应该放在哪里？谁来帮我放一放？为什么放在这里？

（5）小结：第一个数字告诉我们要先找第几层，后面的数字告诉我们是第几个。连起来就是这个礼物盒是第几层的第几个。放礼物时先看第几层从下往上数，再看第几个从左往右数。

2. 摆放礼物

师：老师有许多礼物盒放在后面桌子上，请你们挑选一个，看看它在第几层的第几个，请大家帮我把礼物盒放入货柜。

教师检验：第一层都对了，第二层我请一位小朋友来帮我检查。第三层谁愿意来？

设计意图

此环节是本次活动的重点和难点，将单向数数转移到双向的二维数数。通过将火车车厢进行有计划的摆放，摆放成横三纵六的样式，创设购物货柜的情境边游戏边学习。先是通过集体认知了解货柜的层数和柜数，并继续引用箭头符号进行辅助，让幼儿明确数数的方向；然后让幼儿通过亲身操作感受双向数数的有趣；最后在检验中巩固认知。

四、活动延伸

引导语：恭喜你们全都摆放对了，你们想要这个礼物吗？那老师要考考你们了。我的箭头又发生了变化。（教师调整箭头方向）这一次第一层有变化吗？每一层的第一个柜子在哪里？要从哪里开始数了？第二个？第三个？

（1）交代任务：请你们撕下自己的学号贴贴在礼物券的正上方，然后远远地看一看它应该在第几层的第几个，找到以后贴在柜子上回到座位，如果你们放对了我就会把礼物券送给你们，你们才能打开。谁愿意第一个来挑战？

（2）集体贴礼物券。

（3）教师检验，幼儿拿礼物回教室。

设计意图

此环节是本次活动的升华，在进行层层游戏之后教师借助购物的方式告诉幼儿数学的有趣和有用，让数学真正应用到生活当中。

8 认识梯形

活动设计：余姚市四明幼儿园　赵　怡　胡儿迪

设计思路

一、教学分析

图形的变化奇妙无穷，图形的组合千变万化，图形世界对幼儿充满着吸引力，摆弄各种图形进行组合是幼儿比较喜欢的一项活动。

“认识梯形”是中班上学期数学活动的内容，梯形是只有一组对边平行的四边形，也是在幼儿阶段认识的平面图形中最难理解的一种，尤其是概念。根据《3~6岁儿童学习与发展指南》中提出的：“能感知和发现常见几何图形的基本特征”这一要求，基于梯形的多样性，在设计本次活动时，教师仅要求幼儿理解梯形的特征，并能找出相应的图形即可，不要求幼儿用语言描述梯形的特征。

二、学情分析

进入中班后，幼儿在认识圆形、三角形、正方形、长方形的基础上，又认识了梯形，但他们对于梯形的特征还比较模糊，还不能把握梯形的各种变化。由于梯形的概念幼儿不容易理解，所以本次活动我们不从概念入手。

本次活动通过寻找游戏激发幼儿探索梯形特征的兴趣，引导幼儿在游戏的过程中进一步感知梯形的特征，加强对梯形的认识。第一个环节：在故事情境中引出梯形，激发幼儿的探索兴趣。第二个环节：在寻找比较中，加强感知，进一步掌握梯形的主要特征。此环节是本次教学活动的重点，从三角形、正方形、长方形、位置多变的梯形以及不规则图形中区分梯形，从而让幼儿开始清晰梯形的特征。第三个环节：蜘蛛拼图游戏，经验运用。此环节是以小组合作的形式进行操作，然后共同验证，再次巩固幼儿对梯形的基本特征，积累经验，尝试运用。

活动目标

1. 在故事情境中，感知梯形的特征。

2. 通过找一找、比一比，体验数学活动的乐趣。

活动准备

1. 幼儿操作材料：蜘蛛拼图操作材料若干，写有学号的圆点标签纸若干。
2. 教师操作材料：PPT课件、大书1本。

活动过程

一、在故事情境中引出梯形，激发幼儿的探索兴趣

1. 讲述故事《图形王国的故事》第一段。(附在文末)

师：小朋友们，今天老师要向大家介绍一位新朋友，它在哪里呢？它藏在故事当中，我们一起来听听这个故事吧。

图2-8-1

2. 教师提问。

(1) 交流发现：咦？这是谁？你认识它吗？

(2) 交代任务：是的，它是“梯形弟弟”。“梯形弟弟”说：小朋友，你们真的认识我吗？我最喜欢玩躲猫猫的游戏了，我马上躲起来，请你们来找一找吧？

设计意图

此环节以故事导入的方式创设情境，激发幼儿兴趣。故事第一段后，以介绍“人物”关系，巩固回忆其他已学图形，重点引出“梯形弟弟”，激发幼儿的探究欲望，教师扮演“梯形弟弟”提出问题，从而自然过渡到下一个环节。

二、在寻找中，加强感知，进一步掌握梯形的主要特征

1. 第一次寻找比较，感知梯形的主要特征。

(1) 教师提问。(要求幼儿观察画面，初步尝试寻找梯形)

- 交流发现：梯形在哪里？
- 交代任务：你们是怎么找到的？它和三角形有什么不一样吗？

（2）幼儿回答（根据幼儿回答的实际情况，利用PPT课件的动画效果直观感受梯形有几条边几个角；三角形有几条边几个角）。

（3）教师操作大书并小结：梯形有4条边、4个角，三角形有3条边、3个角。

2. 第二次寻找比较，巩固对梯形主要特征的认识。

图2-8-2

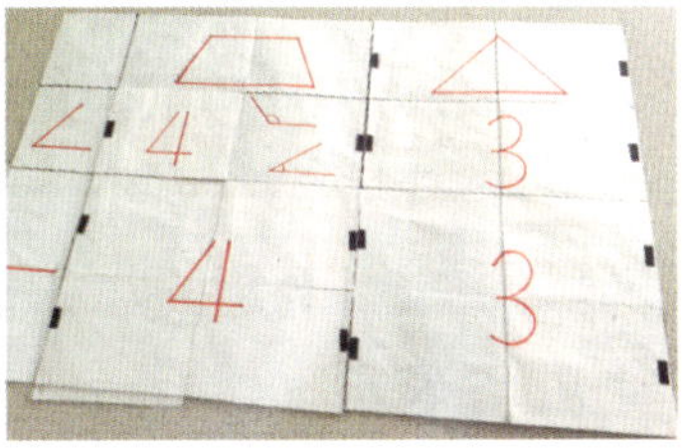

图2-8-3

（1）教师提问。

- 交流发现：这次梯形躲在谁的家里？
- 交代任务：正方形、长方形和梯形有什么不一样？

（2）幼儿回答。（根据幼儿回答的实际情况，教师利用PPT课件的动画效果让幼儿直观感受梯形的角和边的特征）

（3）教师操作大书并小结：梯形有4个角、4条边，其中有2条边平行，2条边不平行。而长方形和正方形的2组对边都平行。

图2-8-4

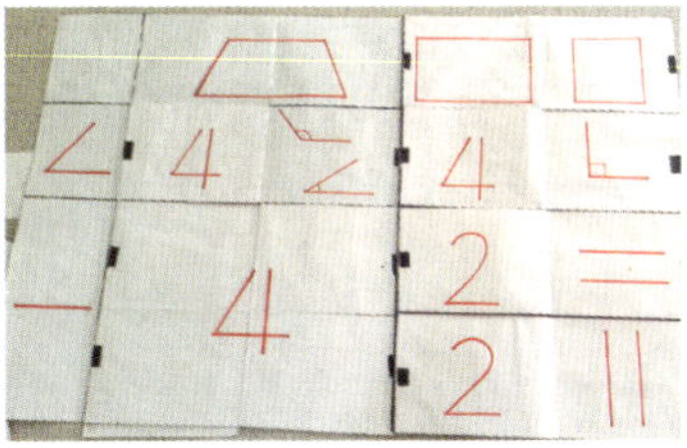

图2-8-5

3. 第三次寻找比较，引导幼儿认识不同特征的梯形。

（1）教师操作PPT课件并提问：梯形弟弟这次要出大招啦，变身！（出示各种梯形的九宫格PPT）

• 引导提问：你们能在这里找到几个梯形？分别是哪几个？

• 交流发现：为什么这些看上去长得并不一样的形状，你们认为它们都是梯形呢？

（2）幼儿回答。（根据幼儿的回答，利用PPT课件的动画效果再次让幼儿直观感受梯形的基本特征，明确指出只要符合梯形特征，位置变化依然是梯形）

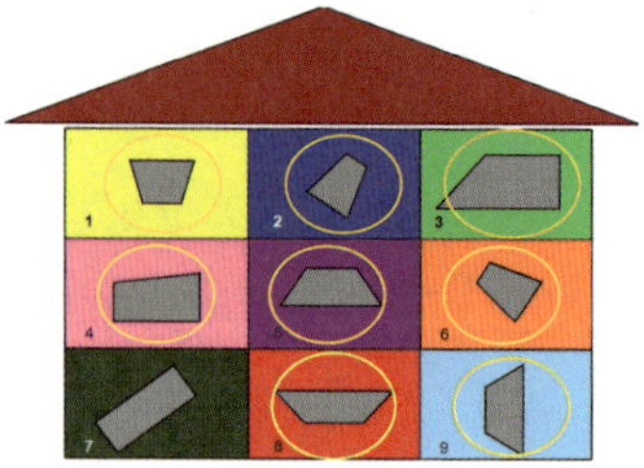

图2-8-6

4. 第四次寻找比较，再次巩固幼儿对梯形特征的理解。

（1）教师操作PPT课件并提问：梯形弟弟觉得还不够难，这次要放出绝招啦！（出示不规则四边形和梯形的九宫格PPT）

• 引导提问：这次梯形又躲在哪里？分别是哪几个？

• 交流发现：有几个图形跟梯形长得很像，为什么它们却不是梯形呢？

（2）幼儿回答。

（3）教师小结：同样是4条边4个角，但只要不符合梯形特征的就都不是梯形。

图2-8-7

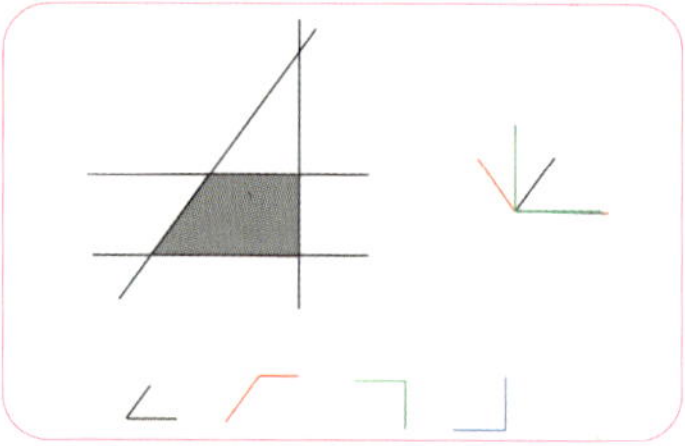

图2-8-8

设计意图

此环节是本次教学活动的重点，本环节一共进行四轮游戏。前两轮游戏通过三角形、长方形、正方形的对比观察，让幼儿了解三种图形和梯形的异同，进而掌握梯形的基本特征。符合《3~6岁儿童学习与发展指南》中提出的："幼儿的科学学习是在探究具体事物和解决实际问题中，尝试发现事物间的异同和联系的过程"的要求。第三轮游戏区分不同位置的梯形，请幼儿观察并且说一说，当梯形的位置发生变化时，它还是不是梯形，帮助幼儿更好地理解当梯形的位置发生变化时，依然还是梯形这一内容。第四轮游戏通过不规则四边形和梯形的对比观察，再次巩固幼儿对梯形基本特征的认知，为下一个环节打下基础。

三、蜘蛛拼图游戏，经验运用

1. 出示蜘蛛拼图，提出操作要求。

交代任务：这一次梯形躲到哪儿去了？请4个小朋友一组在蜘蛛网上找梯形，找到梯形后把写有学号的圆点标签贴贴到梯形上。

2. 交流发现：看一看，这些都是梯形吗？你们是用什么方法找到梯形的？教师根据操作结果，邀请幼儿分享操作结果，并且说出自己的理由。

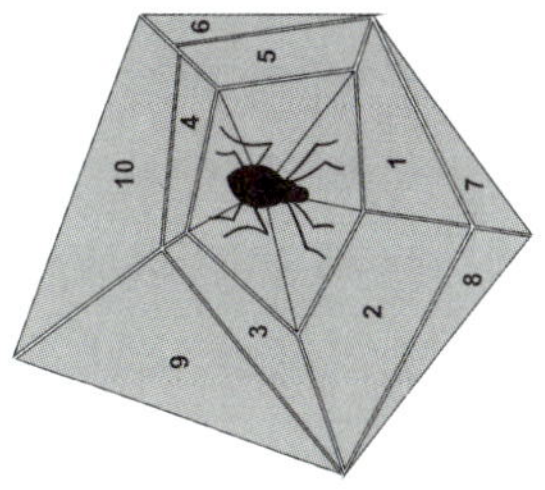

图2-8-9

设计意图

《3~6岁儿童学习与发展指南》中指出：“幼儿的学习是以直接经验为基础，在游戏和日常生活中进行的。要珍视游戏和生活的独特价值”。因此，此环节以小组合作的方式在由不同图形组成的蜘蛛网中进行游戏。也许操作过程中幼儿会遇到很多相似梯形的干扰，但是教师可以引导幼儿尝试转动蜘蛛网，调整观察角度，根据梯形的特征比一比，找出梯形。在集体验证中，幼儿观察板书上的“梯形”，大胆纠错和辩论，再一次巩固对梯形特征的认知。此环节能够让幼儿在玩中学，学中玩，进一步帮助幼儿巩固所学的知识点。

好的教育活动不是止于特定的某一次活动，而是一个长期、持续的过程。教师要特别重视对幼儿能力、习惯的培养。因此，教师可以请幼儿带着刚才的蜘蛛网等不同图形去图形王国做客，继续去认识更多的图形。

◆附：图形王国的故事

在很远很远的星球上，有一个图形王国，那里住着许许多多的形状。长方形爸爸、圆形妈妈、正方形哥哥、三角形妹妹和梯形弟弟（妈妈叫他小梯），它们是快乐的一家人。调皮的梯形弟弟最喜欢玩躲猫猫的游戏，总是一溜烟儿就不见了，它会躲到哪儿去呢？

三角形妹妹眨眨眼，说："我知道，我知道，看我把他找出来!"于是，在一堆三角形里，三角形妹妹一下就找到了梯形弟弟。顽皮的梯形弟弟不服气："不行不行，我还没准备好!再来一次!"

"嗖"的一声，梯形弟弟又不见了。只听见圆形妈妈乐呵呵地笑了："小梯小梯，你真顽皮，虽然你长得很像你爸爸和哥哥，可是妈妈还是一眼就看到你了。"原来，梯形弟弟躲在了长方形爸爸和正方形哥哥中间。"不算不算，妈妈找到的不算。"梯形弟弟急得直跺脚："这次我要出绝招了!"

不一会儿，只听见正方形哥哥和三角形妹妹同时喊道："找到了!"它们你看看我，我看看你，怎么找到的梯形弟弟长得不一样呢?

"哈哈哈!"只听见背后传来梯形弟弟得意的笑声："这就是我的绝招，我可是会变身的梯形弟弟哦!"

图形王国里的图形真奇妙，小朋友们，你们能找出梯形弟弟吗?

9 有趣的对称

活动设计：余姚市实验幼儿园教育集团 沈玲烨

设计思路

一、教学分析

对称，是生活中许多图形的一个基本特征。《学前儿童数学学习与发展核心经验》一书中指出，视觉图像的发展是一种重要的数学能力，幼儿大脑中的视觉图像可以用来表述和操作图形、方向和位置等，能促进幼儿了解和感知图形更深层次的特征。活动中教师使用硫酸纸这一特殊纸张材料，既方便印上图画，又不影响幼儿对折检查此图形是否对称。幼儿通过沿着对称轴对折的方法，发现对称。再将对折这一动作内化，用乐高积木拼插，在脑海中想象翻转的过程，从而掌握图形的属性特征。

二、学情分析

对于对称现象，中班幼儿在生活中有一定的感性认识。在教学时教师从幼儿有兴趣的开宝箱游戏形式展开游戏，使用他们感兴趣的、熟悉的乐高玩具让幼儿进行探究，在探究过程中发现问题，从而产生解决问题的欲望。

本次活动的第一个环节：找钥匙，引出对称，让幼儿在寻找对称钥匙的过程中体验对称的意义，即左右两边对着能重合在一起，并能使用对折的方法，判断图形是否对称。第二个环节：拼乐高，创作对称图案，这个环节是本次活动的出彩点和难点，在拼插的过程中进一步运用对称的概念，不仅能够拼出对称图形，还能与同伴合作制作对称图形。第三个环节：活动延伸，寻找生活中的对称，将数学延伸至日常生活中，让幼儿感受到数学存在对称美。

活动目标

1. 初步了解对称的含义，能区分对称和不对称的图形。
2. 能尝试运用对折、观察等方法寻找、拼搭对称图形。

3. 乐意探索对称的秘密，感受生活中的对称美。

活动准备

1. 幼儿操作材料：钥匙、乐高板、乐高、学号磁铁。
2. 教师操作材料：钥匙及配套底板、宝箱、乐高。

活动过程

一、找钥匙，获取对称概念

引导语：小朋友们，老师今天带来一个宝箱，里面藏着非常有趣的玩具，你们想不想要？打开宝箱需要用一把对称的钥匙。这里有三把钥匙，你们觉得哪一把是对称的？为什么？

1. 教师获取幼儿已知经验并进行提炼：两边一模一样才能叫作对称。

图2-9-1

2. 初次尝试。

（1）交代任务：如果你们认为1号钥匙是对称的，请把学号磁铁放在下面的框框里。请用刚才说的方法去找一找吧！

（2）幼儿操作。

（3）交流讨论：大家选择的钥匙都不一样，究竟哪一把是对称钥匙呢？怎么证明是对称的呢？通过折一折的方法，如果两边可以完全重合，那就是对称。

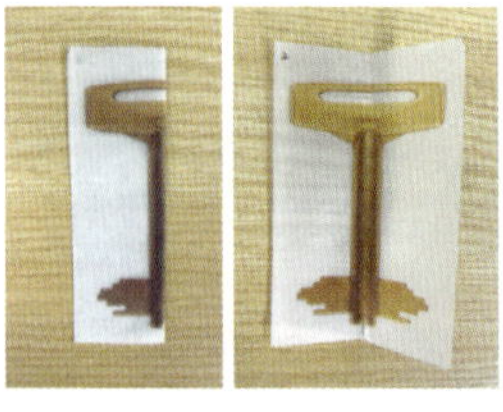

图2-9-2

3. 再次操作。

（1）交代任务：小朋友们，想不想再试一试？请你们用刚才“折一折”的方法，再去确认一下。如果选错了，记得改过来。

（2）幼儿操作。

（3）交流讨论：依次说说三把钥匙为什么对称，哪里不对称（大小、形状）？

4. 引出对称线：刚才你们在折一折的时候有没有发现折过的钥匙中间留下了一条痕迹？这条痕迹的两边有什么？这条痕迹叫作对称线。

设计意图

此环节通过聆听幼儿已知经验，以幼儿试误的方式一步步引导其获取对称的概念。一方面重在引导幼儿通过对折的方式验证对称，一方面重在引导幼儿发现对称轴，发现对称轴两边的大小、颜色、形状都要一样，为后面的环节做铺垫。教师在此环节中要让幼儿充分表述、操作，从幼儿的反馈中进行引导、提炼。

二、拼乐高，创作对称图案

1. 交代任务：礼物盒打开了，你们每个人都有一份乐高。想要得到它是要动脑筋的，你们看看它的上面有什么？（一条对称线，还有一半的图形）这些是不能动的也不能拆下来，请你们拼出另一半，让它变成一个完整的对称图形。拼成功的小朋友将会获得1颗星。

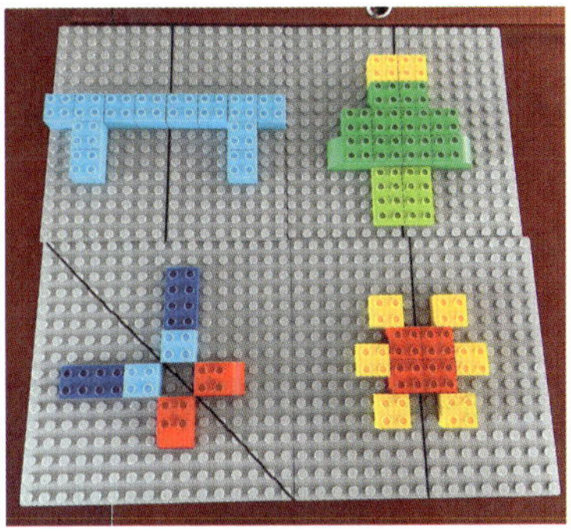

图2-9-3

（1）交流讨论：我们可以怎么拼？

（2）示范尝试：谁愿意把它拼完整？上来试一试吧！

教师注意引导幼儿关注“对称线”，以及强调对称线一边的图形是不能动的。

（3）展示：对称线方向各不相同，如果你们想挑战一下，就去找找它吧！

2. 幼儿操作。

3. 集体验证。

你们都拼成功了吗？都有哪些好看的图案？拿起来给大家展示一下。

4. 挑战升级。

引导语：你们每个人都有一块对称乐高板，大家想一想：如果你和其他小朋友一起合作，可以创造出对称图形吗？

（1）挑战1（2个人合作）。

- 操作要求：请你们2个人合作，拼出一个对称图形，并找到对称线。
- 展示交流：你们拼出的图形是什么样的？对称线在哪里？
- 概括小结：原来想要对称，找到对称线是最重要的。在对称线两边放上相同的图形，它就变成了一个对称图形。这个创造对称的方法，叫作“相同图形法”。

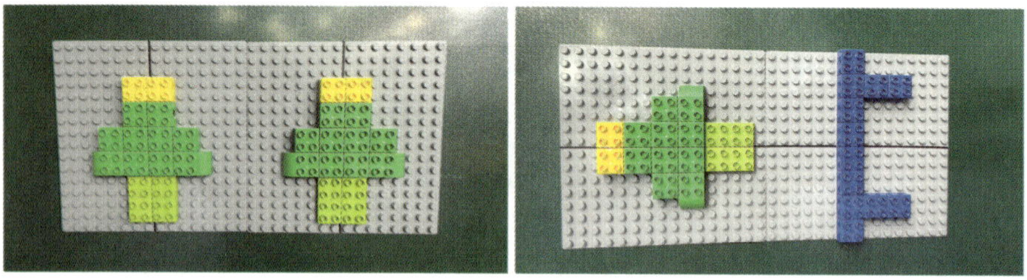

图2-9-4

（2）挑战2（4个人合作）。

- 操作要求：4个人可以合作完成对称图形吗？赶紧去试一试吧！
- 展示交流：你们拼出的图形是什么样的？对称线在哪里？
- 概括小结：有些图案要根据对称线旋转一下，才可以变得对称。这个创造对称的方法，叫作“旋转法”。

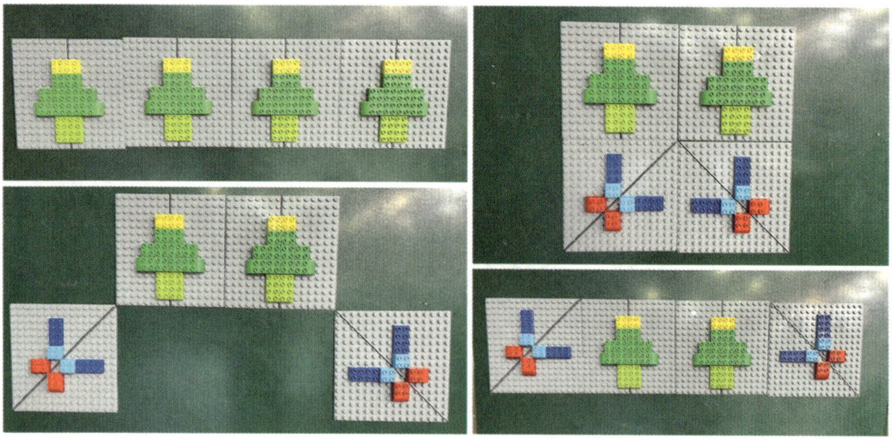

图2-9-5

（3）挑战3（多人合作）。

• 经验迁移：除了2个人、4个人可以完成对称图形，还有几个人可以合作？3个人可以挑战吗？5个人呢？找好朋友去试一试吧。

• 展示交流：你们用了什么样的方法创造出了对称图形？

• 概括小结：只要把对称线相接，组合起来的新图形都是对称图形。这个创造对称图形的方法，叫作“对称线延长法”。

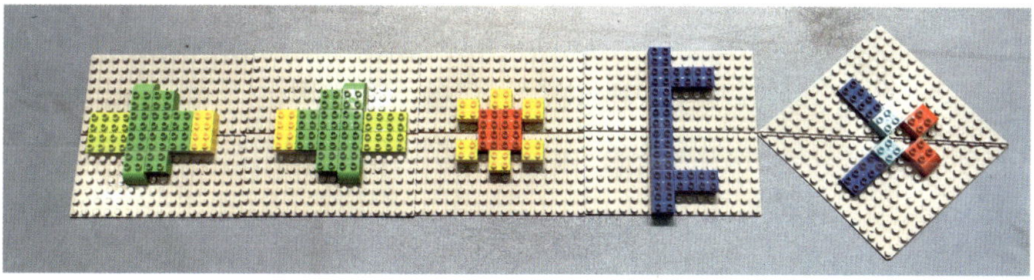

图2-9-6

设计意图

此环节为本次教学活动的亮点，跳脱出上一环节中平面的图形对称，到了立体的乐高玩具上。操作环节循序渐进，幼儿挑战兴趣浓厚。在拼搭的过程中幼儿进一步运用对称的概念，不仅能够拼出对称图形，还能从2个人合作到4个人合作，在不断地拼搭中提炼出让图形对称的方法，多人合作则是让幼儿迁移经验，创造出更多的对称图案。

三、活动延伸：寻找生活中的对称

今天我们发现了对称的秘密，还玩了好玩的游戏，其实生活中还有很多对称的东西，你们能找到吗？除了这些，一些建筑、生活用品等都是对称的，让我们一起去找一找吧！

设计意图

将数学延伸至日常生活中，让幼儿感受到数学存在对称美，将抽象的知识生动化、生活化。

10 汪汪施工队

活动设计：余姚市工业幼儿园　阮　萍

设计思路

一、教学分析

日常活动中，拼图是比较常见的，也是幼儿乐于探索的。相同面积的等腰直角三角形，长边与长边拼在一起能变出正方形，短边与短边拼在一起能拼出三角形和平行四边形，这些对幼儿来说是新奇的。数学活动中材料的选择是非常重要的。如何用简单的操作材料进行探究，获得最直观的感受，是教师所追求的。本次活动选取了幼儿平时操作的磁吸板（白板）和等腰直角三角形磁板，带领幼儿一起加入汪汪施工队，以帮助小动物修补墙洞为由，让幼儿在游戏情境中一次次完成操作，并通过奖励勋章，鼓励幼儿产生不断学习的欲望。

二、学情分析

《3~6岁儿童学习与发展指南》对中班儿童的形状学习要求有两条，一条是“能感知物体的形体结构特征，画出或拼搭出该物体的造型”。这主要是指对各种形状的特征有更加细致的了解，如对边和角的认识，并能用图画或积木、油泥等材料对形状进行表征。另一条是“能感知和发现常见几何图形的基本特征，并能进行分类”。这对中班幼儿来说是有挑战的，图形组合与翻转的经验是在不断的摆弄中获取的，一些幼儿的经验比较浅显。因此，活动始终遵循“自主学习、自主探究、自主解决”这一核心理念来展开教学，通过为幼儿创设游戏情境来激发幼儿学习兴趣，以帮助森林里的小动物修补房屋为线索初步学习2块三角形拼搭→“3块三角形、6块三角形拼搭”这些环节支持幼儿认识边、角，感知一类图形的特征，并为幼儿学习图形等分提供经验支持。

活动目标

1. 在操作中感知等腰直角三角形的特征，学习图形组合的方法。

2. 在数量不断叠加中感知更复杂的图形组合和转换，体验活动带来的成功感。

活动准备

1. 幼儿操作材料：白板、三角形磁片、汪汪队勋章若干。
2. 教师操作材料：PPT课件。

活动过程

一、情境导入

引导语：小朋友们，汪汪队在森林里成立了一个汪汪施工队，专门帮助动物们修补房屋，现在正在招人呢，你们想加入他的队伍吗？

设计意图

创设情境，借助汪汪队这一动画形象，以帮助小动物修补墙洞这一游戏情境，开启本次活动。

二、认识施工材料（感知图形）

1. 感知三角形砖块的特点：先来看看施工材料吧，这是一块什么形状的砖块呀？等下我们就要用这种特殊的三角形砖块来修补墙洞。

2. 学习三角形初级拼搭。

（1）交代任务：看，这里有2块三角形砖块，如果把它们拼在一起，能修补什么形状的墙洞呢？现在你们的椅子下面就有这样的2块三角形，你们可以试着拼一拼，然后告诉大家，你们用2块三角形砖块变出了什么图形？

（2）尝试并分享方法。

①交流发现：都拼好了吗？谁愿意来介绍一下，你们拼出了什么图形？（正方形、三角形、平行四边形）你们是用什么方法拼成的？

• 幼儿1：我拼的是正方形，我把三角形的长边和长边对齐拼在一起，就变出了正方形。

• 幼儿2：我拼的是平行四边形。我把短边对齐，两个三角形不拼在一起放就可以变出来了。

• 幼儿3：我拼的是三角形，我把三角形的短边和短边对齐拼在一起，就变出了大三角形。

②补充提问：为什么同样是短边和短边对齐，拼出的图形却不一样呢？（原来这两个大大的角碰在一起，就能拼出大三角形，而两个角分开摆放，就能拼出平行四边形。）

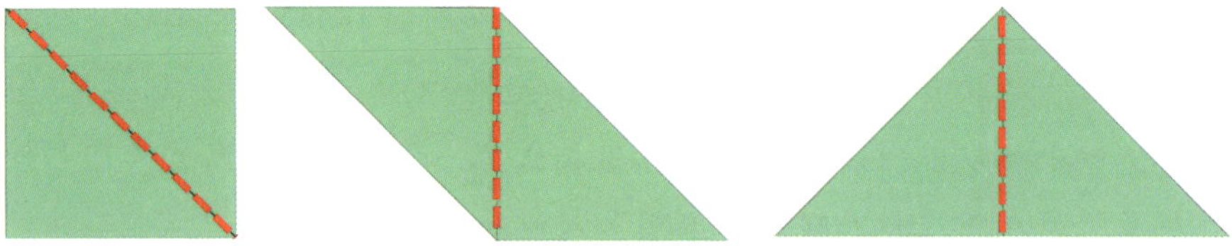

图2-10-1

③小结：看来你们都知道了，通过平移、旋转把三角形砖块的长边和长边对齐，短边和短边对齐，能拼出不同的图形。知道三角形砖块的使用方法后，现在就可以随时接受任务了！

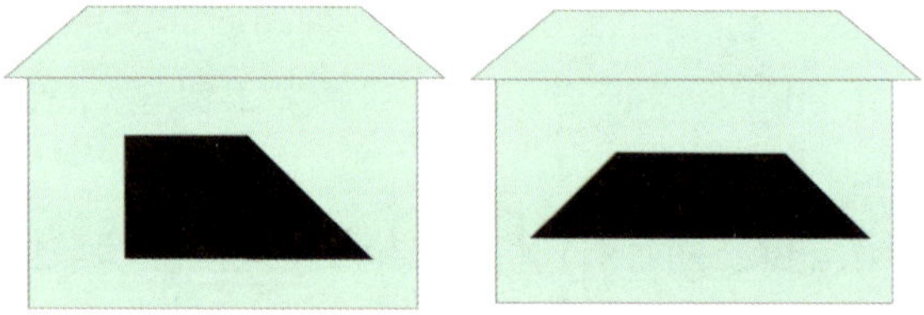

图2-10-2

设计意图

此环节通过让幼儿尝试2个三角形的拼搭，了解三角形通过短边对短边或者长边对长边的方式，可以出现3种不同的图形，初步探索使用平移、旋转的方法感知图形组合的方法。

三、任务一：帮小兔家修补墙洞

引导语：叮铃铃，电话来了，是谁？原来是小兔打来电话。小兔说，它家的房子破了几个大洞，需要及时修补。看小兔的房子破了几个大洞，分别是什么形状呢？你们觉得可以用这种三角形的小砖块去修补吗？让我们用刚才学到的方法一起试试吧！

1. 操作要求。

（1）将白板翻面，看看你们需要修补的是哪个形状的墙洞。

（2）把2块三角形砖块拿过来拼一拼，砖块不够就到椅子袋里去拿。

（3）补好的墙面要平整，不能跟旁边的墙面重叠也不能留下缝隙。

（4）补完后数一数用了几块三角形的砖块？

师：只有1分钟时间，你们准备好了吗？那我们开始吧！

2. 交流结果：大家都完成了，首先请一位修补1号墙洞的小朋友。你修补成功了吗？请说说你的方法？你是怎么补的？用了几块三角形砖块？

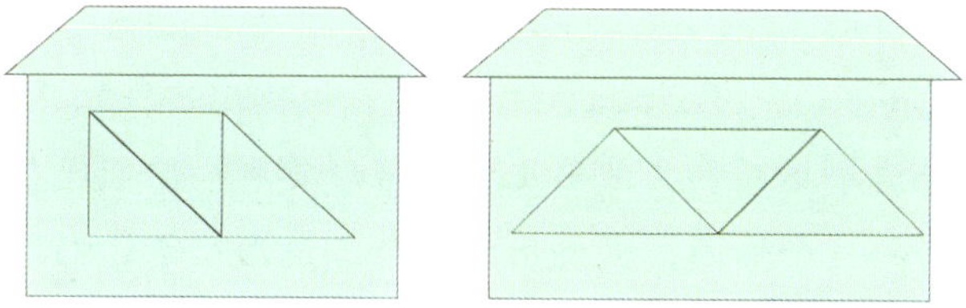

图2-10-3

• 幼儿1：我补的是1号墙洞，一共用了3块三角形砖块。我先用2块三角形拼出了正方形，再在旁边加上1块三角形就可以了。

• 幼儿2：我补的是2号墙洞，我先把两边的三角形放好，最后放中间的三角形，一共用了3块三角形砖块。

3. 图形转换：如果交换修补2个梯形墙洞，你们能修补成功吗？让我们一起来试试吧！

4. 小结：刚才我们在原来2块三角形拼搭的图形上增添1块三角形，成功地帮助小兔修补了墙洞，听听小兔怎么说？哇，小兔非常满意，汪汪队第一次任务成功，恭喜大家获得第一枚勋章。

设计意图

此环节是本次活动承上启下的环节，小兔家的墙洞是在原来2块三角形拼搭的基础上再增添1块三角形，是对上一环节2块三角形拼搭技巧的一种巩固，是3块等腰直角三角形拼搭出梯形难度提升的环节。通过交换修补的墙洞，让幼儿能用相同数量的砖块修补不同的图形，进一步了解三角形拼搭的多样性。

四、任务二：帮小猴补墙洞

1. 接受任务。

师：叮铃铃，电话又来了，原来是小猴的房子也破了几个洞，这次墙洞破得更大了，你们能看出这是什么形状吗？这个图案里藏着哪些我们刚才拼过的图形？

图2-10-4

图2-10-5

2. 分割图形。

师：如果用分割线把它进行分割，就能发现这个图形是由2个一样的图形组合而成。（2个直角梯形）

3. 幼儿操作。

引导语：修补这个墙洞一共需要几块三角形砖块？你们现在有几块三角形砖块？如果一个人修补这个墙洞，需要用到几个三角形？请你们找一个好朋友，一起合作来修补这个墙洞吧！

4. 交流结果：你们一共用了几块三角形砖块？你们是怎么修补的？

5. 再次操作。

师：小猴家的第一个墙洞修补成功，恭喜大家获得第二枚汪汪队勋章。请你们拿回属于自己的砖块。

（1）交代任务：小猴家还有一个墙洞等着我们去修补，看看它是什么样子

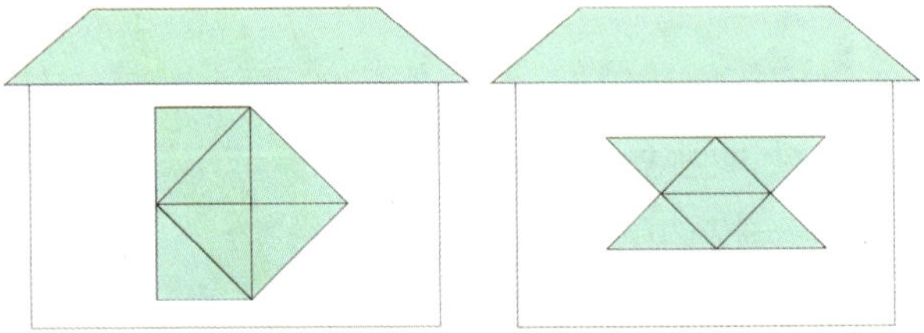
图2-10-6

的？如果要修补这个墙洞，你们需要用到几块三角形？你们现在有几块？还需要几块？

（2）交流结果：这次三角形砖块有没有多或者少？你们都拼对了吗？

（3）小结：哇，通过我们汪汪施工队的努力合作，小猴家的墙洞终于补好啦！你们今天获得了几个勋章？开心吗？

设计意图

此环节是本次活动的难点，是巩固理解、迁移运用的环节。修补小猴家的墙洞是在3块三角形拼搭的基础上，进行新图形的再组合。从观察猜想，分割线的辅助到两个梯形的不同摆放方式，再计算现有三角形砖块的数量及需要增加的数量，对幼儿来说难度又进行了升级。

五、结束

师：小朋友们，你们还想获得更多的勋章吗？看，森林里还有这么多房屋等待我们去修补呢！让我们再一次出发吧！

设计意图

任何一次好的活动，一定不是随着活动结束而终止，而是再一次探索的开启，因此可以提供更多的墙洞图形，引导幼儿后续再次进行挑战。

11 认识行和列

活动设计：余姚市兰江街道中心幼儿园浙东实验分园　贾　怡

设计思路

一、教学分析

空间方位的认识与辨别和幼儿的日常生活有着密切的联系，生活中对物体的精确认识和判断都涉及空间定向的问题，如生活中物体摆放位置的辨别。例如：红色在蓝色的下面，黄色在绿色的旁边等，幼儿正是通过描述、命名和解释空间的相对位置并应用相对位置的概念探索空间关系，它是儿童空间与几何概念发展的前提。

在幼儿园活动中，每次区域活动结束后，总会出现区域材料乱堆乱放的现象，整理后第二天又会出现同样的状况，这个问题该如何解决呢？教师以此为基点设计了本次活动，想让幼儿通过游戏了解柜子中“行和列”的特点，按照事物同时具备的两个要素，根据颜色和图形的提示，准确找到相应的坐标位置，并将之运用于自己的实际生活，解决生活中遇到的问题。

二、学情分析

中班幼儿的思维仍是以具体形象思维为主，但他们抽象思维开始萌芽，对空间方位有了一定的经验基础，能对事物位置进行分析、判断，但只局限在同一维度。对于发现行列坐标定位下对应的物体，对中班幼儿来说有一定的难度。本活动旨在通过探究活动，让幼儿直观地感知二维坐标下的空间定向，并在游戏中积极动手动脑，感受整理区域柜的乐趣。

活动目标

1. 初步理解行与列，根据颜色、图形的提示找到相应坐标定位。
2. 发现数学在生活中的有用及有趣，提高空间定向能力。

活动准备

1. 幼儿操作材料：小组操作板（每组1份），个人操作板（人手1份），“熊虎占地盘”游戏盘（两人1份）。

2. 教师操作材料：PPT课件。

活动过程

一、科学区的秘密：初步感知行和列

1. 找到颜色和图形的排列规律。

引导语：最近老师发现一个问题，每次区域游戏结束后班里的很多材料总找不到自己的家，今天老师想请你们帮忙整理材料柜。

（1）交流发现：这是老师重新整理好的科学区材料柜，请你们仔细看一看，有哪些图形？哪些颜色？这些图形和颜色的排列有规律吗？

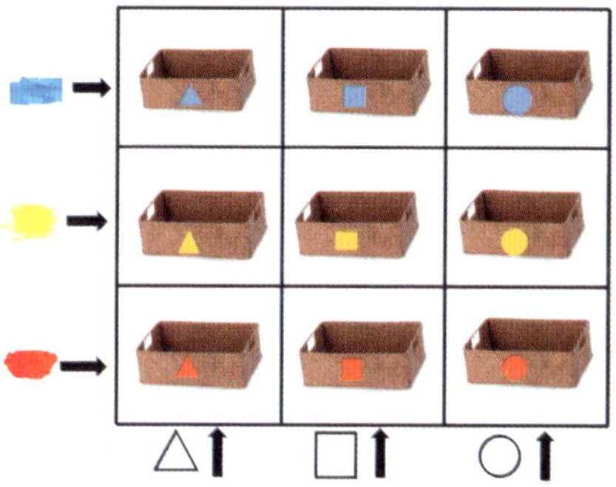

图2-11-1

（2）提取经验：横着看过来每一排中的图形颜色是一样的，这样的一排我们把它叫作“行”，竖着看过来每一排中的图形形状是一样的，我们把这样的一排叫作“列”。

设计意图

通过观察，帮助幼儿自主发现柜子中行和列的特点，并用图标提炼的方式进一步帮助幼儿清晰地感知行和列中颜色和图形的排列规律，形成一个初步的概念，为后面的环节做准备。

2. 小标记找“家”。

引导语：这些小标记特别调皮，想和你们来做游戏，你们能根据图形和颜色的秘密找到它的“家”吗？

（1）经验梳理：（蓝色圆形）它的家在哪里？你们是怎么找到的？它在哪一行？（蓝色一行）哪一列？（圆形那一列）

（2）小结：原来每个箩筐上的标志都是图形和颜色相结合的，只要找到行和列这两个特点的交叉点，就能找到它的“家”。

图2-11-2

设计意图 此环节引导幼儿学习根据标记的颜色、形状找位置，是上一环节经验的巩固与运用，通过举例：找到蓝色圆形标记所在的行和列交叉的位置，请幼儿大胆表述自己寻找的方法，并运用PPT课件直观的动画效果，进一步帮助幼儿理解二维坐标的意义。

二、挑战游戏：巩固认知行和列

1. 小组挑战——送标记回家

引导语：这个柜子上的很多标记都不见了，你们能根据图形和颜色的秘密把它贴上去吗？

（1）交代任务：请你们从框里拿出三个标记，想一想是哪一行，哪一列，再找一找它的“家”，最后把它贴上去。

（2）幼儿四人小组操作，根据颜色和形状找到各个标记相应的位置。

（3）师幼一起验证，找到问题并纠正。

设计意图 理解坐标含义是本次活动的难点，四人小组操作为幼儿创造了一个同伴之间互助学习的机会，在操作过程中同伴之间相互商议、相互纠错、相互借鉴，拓宽幼儿的学习途径，同时教师在巡回观察每组幼儿的操作过程中可以精准地了解幼儿的掌握情况，并明确下一步的指导要点；另外，验证过程是再一次经验梳理的机会，面对差错，鼓励该组幼儿发现并纠正，在纠错的过程中再一次提升经验。

2. 个人挑战——整理科学区

引导语：小朋友们，谢谢你们帮我整理科学区，但我们的数学区也需要你们的帮助哦，这一次我想请你们有个人单独来挑战，可以做到吗？

图2-11-3

（1）交代任务：老师给你们每个人准备了一块板，请帮旁边所有的小标记找到正确的“家”。

（2）幼儿个人操作。

（3）集体验证纠错。

（4）小结：今天我们用图形和颜色的秘密帮助每一个标志找到了“家”。大家学会了这个本领，下次我们的区域材料就能放得整整齐齐了。

设计意图

此环节是上一环节的推进，同时也是本次活动的难点，由同伴一起学习的方式过渡到自我消化，是幼儿对本次活动的核心经验掌握程度的一个精准反馈。从小组操作到个人操作，随着行和列数量的改变以及图标数量的变化，操作难度系数增加，在思维上有了新的挑战。验证环节鼓励幼儿相互检查，同时再次追问：为什么是在这里？你是怎么想的？在引导幼儿用数学语言表达的同时，进一步梳理经验并且助推幼儿逆向思维的发展。

三、游戏“虎熊占地盘”

引导语：接下来老师请你们用新本领来玩一个游戏“虎熊占地盘”，你们能看懂这个棋盘吗？图形代表什么？数字代表什么？

（1）理解游戏规则：2人一组进行游戏，一个是“虎棋”，一个是“熊棋”，我们用石头剪刀布的方法决定谁先掷骰子，然后仔细观察骰子上的信息，找到相应的位置，快速占领地盘。

（2）教师示范游戏。

（3）学会看骰子找位置：我们应该怎么找位置呢？“3，☆”是什么意思？

图2-11-4

数字3表示第三行，再找到有☆的一列，原来是在这里。谁先找到这个位置，谁就能占领这个地盘，最后谁占领的地盘越多，谁就是胜利者。

（4）玩游戏“虎熊占地盘”。

设计意图

在“虎熊占地盘”的游戏情境中，让幼儿进一步理解二维坐标的意义，根据坐标在网格中找到相应的位置，让幼儿将数学运用到生活中，进一步感受数学的有用及有趣。

四、活动延伸

游戏好玩吗？你们已经学会了这个本领，我们到教室里再找朋友一起玩吧！